チャールズ・ワーグマン

幕末維新素描紀行

山本秀峰編訳

1　Charles Wirgman (1832-1891)

神奈川県立歴史博物館蔵

本田錦吉郎編「追弔記念　洋風美術家小伝」

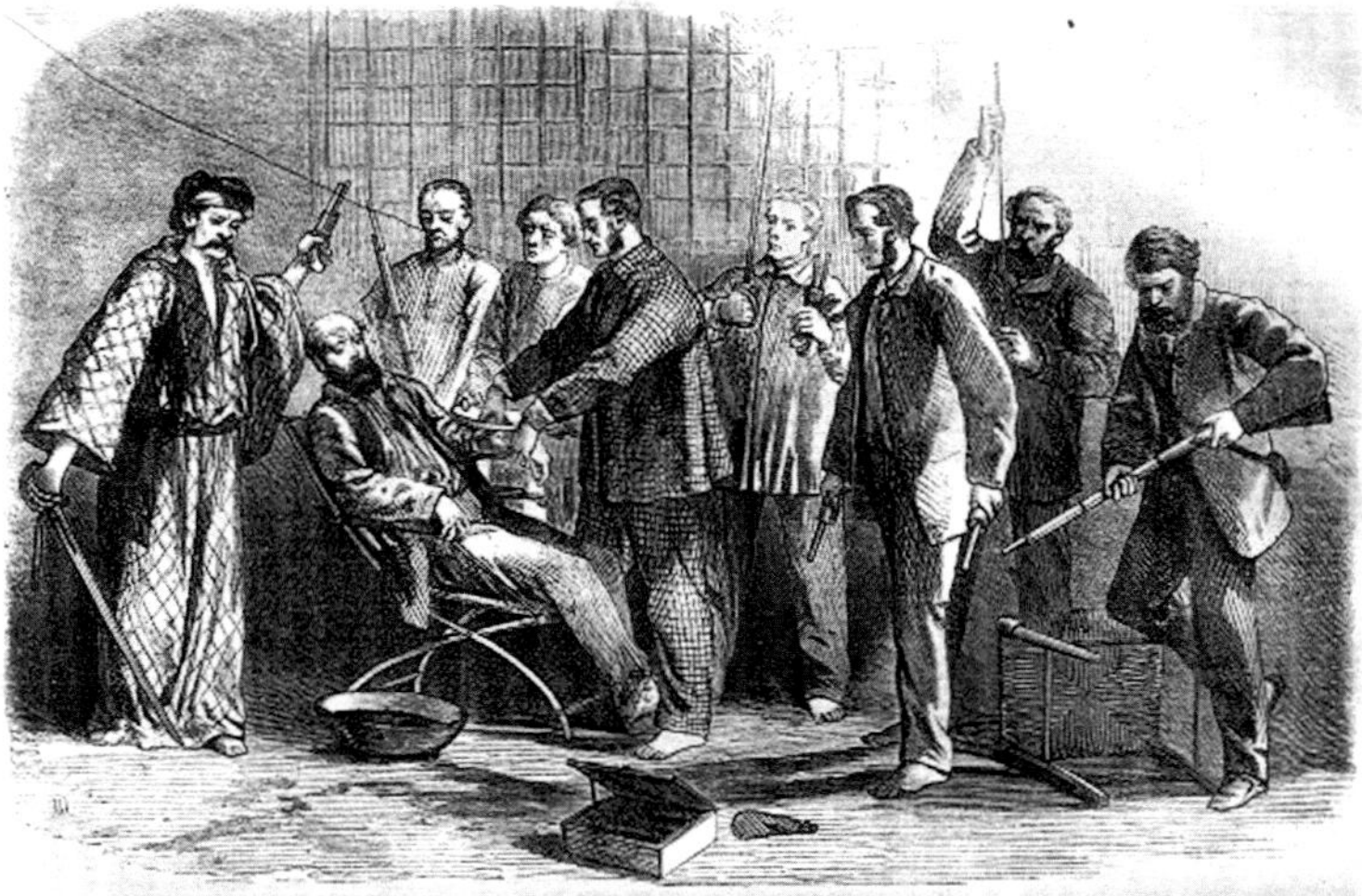

THE OUTRAGE ON THE BRITISH EMBASSY AT JAPAN: MIDNIGHT SCENE IN MR. ALCOCK'S ROOM AT TO-SEN-JI, JEDDO.—FROM A SKETCH BY OUR SPECIAL ARTIST.
SEE SUPPLEMENT, PAGE [illegible].

2　イギリス公使館に対する襲撃：オールコック氏の部屋の真夜中の情景

SCENES IN JAPAN: JAPANESE WARRIORS IN FIGHTING-DRESS.—FROM A SKETCH BY OUR SPECIAL ARTIST.

3　戦闘服を着た日本の兵士たち

Artistic and Gastronomic
Travels in Japan
From Yedo to Kiyoto by the Tokaido

Towards the latter end of May 1872 the "Feringhee" and I determined to pay a visit to Kiyoto the former capital of Japan. An Exhibition was being held there, and would remain open till the middle of June. As we intended to go overland by the Tokaido (as the high road skirting the sea is called) we had no time to lose. We therefore fixed the 29th as the day for starting, the "Feringhee" was to meet me at Fujisawa ~~a~~ a town about fourteen miles from Yokohama. I hired a jin riki sha, a kind of small cabriolet drawn by one or two men, and arrived at Fujisawa in the evening, but not without accident for my cab man fell, and as we were going down a steep hill. I was shot over him, receiving ~~but received~~ however no damage. It was a wet afternoon, and we were glad to take off our ~~wet~~ damp clothes and get into Japanese gowns. The name of our inn was Kame'ya or the Tortoise house, and our blue gowns were ornamented with representations of said Tortoises, done in white, the effect was pleasing. We threw ourselves on the mats and drank much tea without milk or sugar ~~then~~ Our three armed retainers, came in and prostrating themselves before us remarked that we must be very tired,.

チャールズ・ワーグマン

幕末維新素描紀行

山本秀峰編訳

訳者序

「イラストレイテッド・ロンドン・ニュース」の特派画家通信員チャールズ・ワーグマンは、中国での取材活動を終え、一八六一年四月二五日長崎に来航した。港に入る船の甲板上から見る、緑の段々畑に囲まれた眩いばかりの美しい町、初めて見る日本人の生活や労働の姿、青年画家にとっては心躍る最初の景色であった。続いて訪れた横浜、変化し始めた異国情緒の町、運上所、劇場、銭湯、兵士の姿、毎日やってくる街頭の講釈師、すべてが真新しい光景の連続であった。そしてその直後に長崎に戻り、初代駐日公使ラザフォード・オールコックの江戸への旅に同行することになる。オールコックはその主著「大君の都」のなかで、「イギリスの公衆に日本をよりよく知らせるために、最良の方法として、躊躇することなくこの画家を加えた」と述べている。こうした目的意識をもって始まった旅は、その後のワーグマンの全生活、仕事にとって最大の幸運だったに違いない。「最近の日本ではさまざまな事件があり、この国から送るスケッチは読者にとって関心を持たれることだろう。この国で画材となるものを捜し求めて歩き回り、機会あるごとに最も特徴的なものを送ろう」と決意している。

九州横断、瀬戸内海、兵庫から大坂、奈良、東海道への一か月の旅は、陸に海に、日本の風景を存分に眺め、街道に暮らす人々の姿と直に接することになった。旅の終わりに待っていたのは、江戸に到着した翌日の夜、品川東禅寺のイギリス公使館での水戸浪士による襲撃事件である。縁の下に隠れて、その襲撃の光景を目撃したというワーグマンは、直ちに事件のスケッチと記事を送り、その最新の通信は、旅の記録に先んじて報道されることになった。時は幕末日本の、イギリスをはじめとした西洋列強との対外関係において、まさに激烈な時代であった。貿易の矛盾が激化し、攘夷運動が高揚するなか、生麦事件、長州藩による外国船砲撃、薩英戦争、四国連合艦隊下関攻撃、鎌倉におけるイギリス士官殺害事件など、次々と事件が起きた。ワーグマンは自らイギリスの艦船に乗って戦地に向かい、砲撃の様相を目撃するなど、画家として、また新聞通信員として、鮮烈な画像と記事を送り続けた。その一連の画報は、イギリスの民衆にとってさぞかし興味溢れる、生々しいものであったろう。かつまた後世の日本人にとっても、この時代の事件だけでなく、日本の風景、日本人の生活習慣の写実的な記録として貴重な資料を残してくれた。

衝撃的な事件に直面しながらもワーグマンは、横浜に住み始めた翌年には居留外国人向けの風刺雑誌「ザ・ジャパン・パンチ」を創刊した。写真家フェリックス・ベアトと仕事を共にし、また日本人女性と結婚して男子も誕生した。そして日本人の画家の世界とも交流を深め、五姓田義松や高橋由一らを入門させた。それは明治期における西洋画の技法などに大きな影響を与えた。来日した外交官アーネスト・サトウとは親しい友人となり、一八六七年にはパークス公使とともに将軍徳川慶喜の大坂城での引見に同席するなど、公的な場にも参加した。そしてその横浜への帰路、東海道の掛川では、再び攘夷の襲撃を直接被ることになる。ワーグマンは、三十年にわたり横浜に住み続け、その間、鎌倉、江の島、会津、新潟、箱根、大坂、京都、瀬戸内海など各地を旅し、ジャーナリストとして、また画家として多くの仕事を成し遂げた。

ワーグマンは報道記事としての文筆、そして自ら発行した風刺雑誌に時事的な評を書き続け、また日本の風景を描いたスケッチブックを発行したが、著作としてまとめ上げることはなかった。本書は、イラストレイテッド・ロンドン・ニュース紙に掲載されたワーグマンによる記事と挿絵に加え、在イギリスのワーグマンの家系のご子孫に残されていた旅の記録「画家・美食家の東海道の旅」（原題 Artistic and Gastronomic Travels in Japan. From Yedo to Kiyoto by the Tokaido.）を新たに翻訳した。これは一八七二（明治五）年、京都で開催された美術工芸博覧会を取材するために、友人と二人で東海道を旅した時の紀行文であり、そのマニュスクリプトからのものである。旅路のなかで描いた十六枚の素描が添えられている。これ以外の多くの記事は、「描かれた幕末明治 イラストレイテッド・ロンドン・ニュース 日本通信」(金井圓編訳 雄松堂書店)にもすでに翻訳されており、それらの新訳であるが、「生麦事件」、「日本との戦争」は初訳である。また「初めての日本」「一八六一年日本内地旅行」の章は、拙訳書、オールコック著・ワーグマン画「長崎から江戸へ」(露蘭堂)より編集して再録した。ワーグマンの日本における最初の旅行から始めるためである。

幕末から明治維新にいたる歴史上の一大変革の時代の日本に、各地を盛んに旅し、歴史的事件に遭遇して絵を描き、淡々として記事を書き続けたワーグマン。その半生のなかでもっとも輝いた日本での日々を辿ってみよう。初めて訪れた日本の旅を、長崎、横浜の港町から出発しよう。

訳　者

凡例

・本書は、イギリスの絵入り新聞イラストレイテッド・ロンドン・ニュース（以下ＩＬＮ）の特派画家通信員として一八六一年四月に来日したチャールズ・ワーグマン（1832～1891）が、同新聞に載せた主要記事の翻訳と挿絵、およびワーグマンが一八七二年五月に行った江戸から京都までの旅行を綴った紀行文を全訳し、纏めたものである。

・紀行文「画家・美食家の東海道の旅」は "Artistic and Gastronomic Travels in Japan, From Yedo to Kiyoto by the Tokaido." と題されたマニュスクリプトで、十六点の素描が添えられており、すべて本書に掲載した。在イギリスのワーグマンの家系のご子孫が保有しており、翻訳の許諾を得た。なお、Curzon Press 社から出版された The Wests Encounter with Japanese Civilization 1800-1940. Vol.10. 2000. のなかに復刻されている。

・ＩＬＮの各記事それぞれに掲載されたワーグマン画の挿絵を配置した。

・挿絵は新聞のオリジナルから任意の縮小率で収めた。

・新聞記事のなかには、ワーグマン自身が書いたものではなく、新聞社のデスクによるものが一部含まれるが、読者には自ずと判別がつくであろう。

・本文中の〔小文字〕の語句は訳注、または補足である。

目次

口絵（著者肖像、原書より図版）

訳者序　3

図版目次　10

初めての日本

長崎と横浜　14

一八六一年日本内地旅行

九州横断騎馬旅行　26　大坂から江戸へ　34

日本の政治情勢

英国公使館襲撃事件（東禅寺事件）　53　生麦事件　60　日本との戦争　65　生麦事件賠償金支払い問題　72　横浜　七月十三日　78　長州藩による外国船砲撃　81　薩英戦争　85　鹿児島攻撃　88　薩摩藩による賠償金支払い　93　四国連合艦隊下関砲撃　97　下関の日本砲台の占拠　99　下関における最近の軍事行動　101　鎌倉英国士官殺害事件　103　鎌倉の寺院に通ずる街路　108　英国士官殺害犯二名の処刑　109　横浜での暗殺犯の処刑　112　大君との謁見　115

幕末日本の情景

横浜と神奈川　120　日本人の食事　122　剣術稽古と東海道を行く役人　123　大坂の街路・訓練中の日本兵　125　英国軍艦の横浜到着・盲人楽士　127　化粧する若い女・横浜の流しの芸能家　129　日本兵の行進　132　日本の木版画彫師　133　日英両軍の閲兵式　135　日本の競馬　137　日本の正月　139　日本人画家たちの社交場　142　ご老中を馬車に乗せる　144　日本人の服装の変化　146　横浜の大火　147　大坂での日本の芝居　151　日本の相撲　153　横浜の新年の祭り　155

明治維新の日本

日本の博覧会　158　鉄道の開業　162　日本の芝居　167　日本に起こった変化　169

画家・美食家の東海道の旅　江戸から京都へ　177

今は亡きチャールズ・ワーグマン氏　218

訳注　220

著者略歴　238

参考文献　240

訳者あとがき　244

図版目次

口絵

1 チャールズ・ワーグマン肖像
2 イギリス公使館に対する襲撃：オールコック氏の部屋の真夜中の情景
3 戦闘服を着た日本の兵士たち
4 マニュスクリプト「画家・美食家の東海道の旅　江戸から京都へ」

本文中挿絵

初めての日本
p. 13 横浜の講釈師－日常の風景
p. 22 日本の官船
p. 23（上）運上所の役人
（下）日本の馬
p. 24 横浜の運上所
1861 年日本内地旅行
p. 25 兵庫の近くで
p. 27 長崎近郊の宿
p. 29 諫早の石橋
p. 30 大村で護衛してくれた火縄銃兵たち
p. 31 ケンプファーのクスノキ
p. 32 武雄〔嬉野〕の硫黄温泉
p. 33 武雄への山道
p. 36 大坂の眺め
p. 38 大坂の城
p. 43 荒居－大江戸直轄番所の宿駅
p. 45 浜松
p. 48 日本の旅籠の玄関
日本の政治情勢
p. 51 下関における低地砲台に対する突撃
p. 59（上）オリファント、モリソン氏への襲撃
（下）公使館の庭で野営するヤクニンたち
p. 61 生麦事件の図
p. 71 日本との戦争
p. 76 リチャードソン氏殺害に対する賠償金を勘定する
p. 77 賠償金をイギリス軍艦パール号に運ぶところ
p. 79 日本の歩兵隊招集兵
p. 80 日本の騎馬隊
p. 82 日本の下関湾

p. 84 下関の向かい側で砲撃を受けるオランダ軍艦メデューサ号
p. 87 横浜の番所の歩哨兵
p. 90 日本の鹿児島の港
p. 91 鹿児島の砲撃
p. 98（上）下関海峡における9月5日の作戦行動
（下）砲台からのコルヴェット艦隊に対する砲撃開始
p. 100 海軍兵団と海兵隊員による下関の防護柵の襲撃
p. 102 戦闘後の下関低地砲台の内部
p. 107 横浜の日本兵たち、横浜の露店茶屋
p. 108 英国士官2名の殺害現場に近い鎌倉の八幡宮に通ずる並木道
p. 110 英国士官殺害犯人のうち2名の処刑
p. 113 罪人を横浜市中にひきまわす日本人の行列
p. 116 日本の新しい大君 一橋慶喜
p. 117 大坂の英国公使宿舎の周辺に駐屯する大君の親衛隊
p. 118 日本の大君を訪問する
幕末日本の情景
p. 119 日本の駕篭
p. 121 神奈川の奉行とその随員たちが火災現場に向かう
p. 122 食事中の日本人
p. 123 剣術稽古をする日本の兵士
p. 124 東海道を行く日本の役人
p. 125 江戸に近い大坂の眺め
p. 126 訓練中の日本兵
p. 127 英国軍艦コンカラー号から横浜に上陸する海兵隊員
p. 128 盲目の日本人楽士
p. 130 口紅を塗る日本の少女
p. 131 横浜で見た流しの歌い手
p. 132 行進中の日本兵
p. 134 日本の木版画彫師
p. 136 横浜で行われたイギリス・日本両軍の閲兵式
p. 138 横浜の春の競馬会
p. 140 日本の正月　横浜の街路での羽子板遊び
p. 141 日本の元日　年賀の訪問に向かう日本の役人
p. 143 日本人画家たちの社交場
p. 144 日本の士官たちのモダンな服装
p. 145 ご老中を馬車に乗せて東海道横浜を行く
p. 146 横浜のヨーロッパ風の服装をした日本兵
p. 148 大火災の横浜の本通り
p. 150 山の手から見た横浜の大火災

p. 152 大坂の劇場
p. 154 大坂の相撲
p. 156 横浜の新年の行列 - 男装の少女たち 町の商人たち
明治維新の日本
p. 157 日本で最初の鉄道の開業式
p. 161 京都で開催された美術工芸展覧会
p. 164 日本の最初の鉄道の開業 江戸幸橋の門のところを行く行列
p. 166 横浜でミカドに祝辞を述べる在留外国人たち
p. 168 京都の劇場で見た日本のバレー
p. 172 新旧両様 日本における衣装の変化
p. 174 初めて履くブーツ
p. 176 茶屋の夜と朝
画家・美食家の東海道の旅　江戸から京都へ
p. 177 無題
p. 178 ザ・人力車
p. 179「お疲れでございましょう」
p. 181 ザ・駕籠
p. 182 箱根道
p. 183 箱根の湖〔芦ノ湖〕と富士山
p. 185 柏原からの富士山
p. 189 ザ・島田スタイル
p. 192 渡し舟
p. 193 舞阪
p. 194 荒居
p. 198 荷車
p. 201 尾張湾
p. 208 給仕する女中とご飯のお櫃
p. 213 大津　琵琶湖
p. 216 ホテルの勘定の計算
p. 217 日本の晩餐会
p. 218 横浜で亡くなった画家チャールズ・ワーグマン氏

図版の出展

口絵 1 ワーグマン肖像は神奈川県立歴史博物館所蔵。
挿絵 p.25, p27, p36, p38 は Alcock, R. – The Capital of Tycoon。
挿絵 p.61 生麦事件 - ワーグマン画は横浜開港資料館所蔵。
口絵 4, 挿絵 p.177 ～ 216 は Charles Wirgman – Artistic and Gastronomic Travels in Japan – From Yedo to Kiyoto。
その他の口絵および挿絵はすべて、イラストレイテッド・ロンドン・ニュースの 1861 年から 1891 年の発行号より。

初めての日本

横浜の講釈師－日常の風景

長崎と横浜

イラストレイテッド・ロンドン・ニュース（以下ILN）
第一一〇二号　一八六一年八月一〇日

長崎発、一八六一年五月一九日。最近の日本では、さまざまな事件があり、この国から送るいくつかのスケッチはイラストレイテッド・ロンドン・ニュース紙の読者にとって関心をもたれることだろう。したがって私はこの国で画材となるものを探し求めて歩き回り、機会あるごとに最も特徴的なものを貴紙に送ろう。北京を離れてもっと早く当地に来るべきだったが、寒い天候はどちらかというと画家の手の動きの滑らかさを妨げた。そのため私は、春の優しい陽射しが山々を新緑で覆い、景色により豊かな色あいを与え、絵を描くのにたいへん必要な心の安らぎといったものを生み出す季節まで、日本訪問を遅らせたのだ。

ペニンスラー・アンド・オリエンタル商会の蒸気船舟山《チュサン》号が日本向けの最初の船と広告されていたので、乗船券を手に入れ、四月二五日に当地に到着した。その日はうららかで雲はなく、この興味深い島国の最初の岩礁を見たときには、優しい風が真っ青な海にさざ波をたてていた。この目的地に近づいた時のわれわれの喜びに満ちた感動ぶりを想像されたい！　船が進むにつれ、スクリューの回転ごとに長崎にどんどん近づき、次々と美しい景色が広がってくる。モミ、スギ、タケなどの木々が生繁る丘、峻険な岩、白帆をあげた小舟、縦に裂けた帆をあげた舳先の尖った釣り船。汽船が丘に向かってまっすぐ進んでゆくと、頂上まで段々畑になっているのが見え、麦の若葉の浅緑はこの上なく美しく、眩いほどの眺めだ。丘の上には信号手の一団がいて、われわれが接近すると二発の大砲を放って合図を送る。今や、四方八方に数えきれないほどの砲台があらわれた。砲台はどれも犬小屋のような小さな木造の家で覆われている。木々に囲われたいくつもの村を通過したが、小家屋はマニラの家に似たような草葺の屋根だ。木で覆われた一つの島が注目を引いた。これこそ、切支丹たちがまっさかさまに突き落とされた有名なパッペンベルク島〔高鉾島〕だ。その麓には一つの砲台があり、おそらく、上のほうには別の砲台があるのだが、スギの木で隠されている。ここを過ぎるとついに、まっすぐ前方に出島の白い家屋や、長崎の灰色の屋根が見えてきた。まわりには、丘に囲まれた円形劇場のようなすり鉢型の地形、ジャンク船、船舶付きの小舟、村々、それから工場の煙突もみえる。

無数のサンパン船が舷側にやってくる。船子たちはよごれたハッピを着て、ズボンをはいておらず、頭にはタオルをまいている。居留地のヨーロッパ人たちが、到着便の手紙を求めて岸を離れてやってくる。そして、われわれは夜になって上陸し、第一印象を得たのだ。どうやら妙な時間を選んだようだが、物珍しさの魅力もあり、こうした機会に調和した夢のような感情を与えられたものだ。小舟に飛び乗り、岸に向かった。海の上では、当時のギター〔三味線〕を伴奏にして土地の楽師たちが歌っている。たくさんの石につまずきながら歩いていくと、板石で舗装され、両側に木造の小家屋が立ち並ぶ通りに着いた。すべてがくすんだ茶色で、中国にあるような華やかな店の看板がないのが淋しい感じだ。藁製のサンダルの奇妙なすり足の音や、木靴のカラコロ音は、この国独特のもので、けっして忘れることはない。通りはどこも、若者から年寄、娘たち、子供らで溢れ、二流の芸人たちがいずれも当時の日本の流行歌を歌っているが、節の終わりごとにかならず〝あはっ〟と唸るのだが、それは聞いていてとても奇妙だ。誰もが着物を極端にだらしなく着ているようにみえる。娘たちは腰のまわりに大きな飾り帯をし、うしろで四角に結んでいる。誰もが内またで歩き、きちんとした姿勢で歩いているものはいない。時々、菓子作りの露店が整然とでており、またわずかな麻布しか身に着けない行商人が、たいへん器用にアーモンドケーキの切り売りをしている。店はたいてい開いていて、男たちは畳に座って物を売っている。床は地面から一フィートぐらい高くなっている。どの家にも、金属で縁どりした木製の箱〔火鉢〕がおいてあり、中にはお茶をわかしたりパイプに火をつけたりする炭火が入っている。夜は、ほとんどの人が提灯を持ち歩く。木造の家の造りは、目を見張るほどきちんとしており、室内は素晴らしくきれいである。散歩を終えて、見てきたものに大満足しながら寝床についた。

翌朝は雨降りで、うっとうしい天気だった。山から強い風が吹き下ろしてきて、土砂降りの雨となった。両刀をさした男と少年の税関役人が船に乗り込んできたが、無愛想な表情をしている。通訳が正確な英語で、乗船している子供の数、そしてその性別にいたるまで、たくさんの質問をしてきた。役人たちは、ヨーロッパ式の船に乗り、標識旗と、中央を白抜きに赤く染めた旗をかかげている。かれらと一緒にシェリー酒を飲んだ。かれらについてきた船には、青と白の縞模様の服を着た水夫たちが乗り組んでいた。

次の日ふたたび上陸し、茶店にいった。大きなとりとめもなく建てられた建物で、階段と全体に畳がしかれた大きな部屋がある。衝立によってどんな大きさにでも仕切ることができる。娘たちが化粧をしているが、この国独特のやり方で髪を結っている。婦人たちのなかには、歯を黒く染め、唇を赤や金色に染めているものもいた。通りがぬかるんでいたため、靴を脱がなければならなかった。通りの両側は、こうした娘たちが大勢いるいくつもの家が並んでいる。午後の四時ごろになると、土地の人たちがみんな裸で、男も女も子供も、同じ四角い風呂桶で入浴しているのが見えた。風呂桶の下の火が水を温め、かれらは石鹸で洗ったり、湯をはねかけたりしている。われわれが見ていても、まったく平気である。別の家にいくと、そこでは日本人の男たち何人かが飲み食いして楽しんでおり、その間、数人の歌姫たちがバンジョーを弾いている。一緒にやろうと招き入れてくれたので、仲間に加わった。われわれの前には、美しい庭があり、岩や木、花があり、綺麗なキングサリの種類の花が密集して吊られた四阿屋がある。大勢の僧侶、二本ざしの侍が町を歩きまわる。多くの娘たちが赤の上に白の衣服を羽織って、喪に服しているのが見えた。彼女らは、白の手拭いを頭に乗せ、腰のまわりに黒のスカーフを巻いていた。それから、この町の橋のところにやってくる日本の曲芸団の広告もあった。街路はいずれもすばらしく清潔だが、中国にあるようなけばけばしい色彩はここには無い。ここを歩きまわることは、この上なくすばらしい。私はある朝、茶店で朝食を食べた。魚、ご飯、鶏肉である。どれもがほとんど漆塗りの器に盛られ、ご飯でさえも黒塗りの漆器にいれて運ばれてくる。部屋の中央に炉があり、床を低くしてつくられている。家の中の偶像を祀る場所には、中国にあるような赤ではなく白い紙と白い提灯がある。ここで見る奇妙なことは、男たちが青と白のタオルを頭のまわりに巻き付け、なかには、目しか見えないような、完全な変装をすることである。

五月一日、瀬戸内海経由で、神奈川に向けて出発した。五日間の航海で、考えられうる最も素晴らしい景色の中を通過した。時には、水際まで樹木が生い茂る狭い航路を通り抜け、ところによっては、丘陵がまわりを取り巻き、海がまるで可愛らしい湖のようであった。船は二回か三回、夜に投錨した。天気はとても素晴らしかった。ときどきジャンク船や釣り船に会った。水夫たちは頭上に高く手を挙げ、奇妙な叫び声をだして挨拶をした。建設中のいくつかの保塁を過ぎたが、それらは石造建築で、上のほうが草で覆ったヨーロッパ式であった。ある日、江戸に向かう本街道を垣間見ることができたが、両側は並木であった。六日には神奈川に到着した。この地方は、長崎よりずっと開けているが、美しい。二隻の日本の蒸気戦艦が港に停泊しており、立派なヨーロッパ風の保塁が神奈川を守っている。内陸のほうを見ると港の左手に横浜がある。ここはヨーロッパ人が居留しているところだ。通りは広く、家屋は木造で、スイスのシャレー風のスタイルで、白でひきたてられた灰色の屋根がある。たいへん美しく、きちんとした仕上がりで見るからに楽しい。店には漆器や陶磁器がまことに魅惑的に陳列されている。ところどころ泥を固めて建てた耐火性の家もあり、戸や窓さえも泥や細かく刻んだ藁でできている。それに漆喰が打たれているので、たいへん立派な外観を呈している。われわれは横浜ホテルに行った。ここではほとんどの人は、一階に住んでおり、ヨーロッパ人用の部屋は、すっかり英国風の家具が備え付けられている。

私はこの場所の異国風の雰囲気が気に入った。家々の周囲にはヨーロッパ風のものは何もない。家屋はすべて、地震のことを計算に入れて木造である。しかし最も奇妙なことは、日本人が竹のローラーや角材を使って家をまるごとはるか遠くまで移動させることだ。数ヤードごとに、ピラミッド型に積み上げられた消火用バケツと、大きな鐘がある見張り櫓がある。それから、衛兵の屯所やヨーロッパ風のマスケット銃の置台がある。兵士たちはすべて、マスケット銃と弾薬袋で武装している。かれらが奇妙な帽子をつけて演習に出かける姿は絵になる光景で、卵の上の部分を切り落としたような形の、あるいは漆塗りの中国風の帽子をかぶっている。ここには非常に多くの中国人もいる。

ある日本人商人の家を訪問した。部屋の内部は実に清潔で、その仕上がりの良さはかつて見たことがない。かれの妻は、完璧な貴婦人らしい作法でお茶と菓子を出してくれた。部屋の中には日本製の温度計があった。かれらに別れを告げ、神奈川に行ったが、そこは素敵な小さな町だ。道端にならぶ茶店では、娘たちが「なかでお茶を一杯どうぞ」と招く。そのうちの一人はたいへん美しく、愛嬌があったので、彼女にハンカチを与えた。この町で私は葬式を見た。葬列にしたがう人々の刀の柄は白い紙に包まれていた。聖なる山、フジヤマを見て、われわれは横浜までの心地よい道を歩いて戻った。藁ぶき屋根の小家屋と女たちの愛想よく微笑んだ顔には、確かになにかを感じさせるものがあり、マニラをすごく思い出させた。毎日午後には、講釈師が街角に立つ。町には劇場が一軒あるのが自慢で、さらには大きな浴場がある。一方の側が男湯、他方が女湯で、戸口に番台が置かれていて、衣服を入れるための札と番号のついた小仕切りの棚がある。夜には警官が鉄の棒に鈴の輪を鳴らして巡邏する。日本人は皮膚病と疥癬にたいへん悩まされている。

同封したスケッチ〔カバー絵〕のなかに、横浜の講釈師を描いた大きな一枚がある。かれは毎日の午後、台の上に自分の持ち場をつくり、まわりに立ったりしゃがんだりして感嘆して聞き入る聴衆に対して物語をする。絵に描いたように、時々かれは自分でバンジョーを演奏する。私が講釈師の絵を描いていた日、聴衆たちがかれを見放し、私が何をしているのだろうと見に来た。すっかり描きあがった時にはそれを見て大喜びしたものだ。男たちはたいてい、頭にタオルを巻き、こま形のズボン、あるいは実際ズボンをまったくはいていないことも珍しくない。娘たちは下駄をはいており、それで走ってもまったく苦にしないようだ。

ILN 第一一〇三号 一八六一年八月一七日

本紙の特派画家〔ワーグマン〕を乗せた汽船が長崎に到着すると、運上所〔税関〕の役人たちが、標識旗と中央に白い丸のある赤い旗を掲げたヨーロッパ式の小船でやってきて、汽船に乗り込んできた。いっしょに一艘の日本の小船が就いてきたが、青と白の縞模様の服を着た現地人が乗り組んでいる。その様子をわが画家が描いている。また汽船の上での二本差しの役人が描かれているが、かれは税関の官吏のひとりである。わが特派員がいうには、「これらの役人たちは、私がこれまで見たなかで最も無愛想な顔つきをした男たちで、微笑むこともできないようで、いばりちらして足をひきずりながら歩く」。

日本の馬の装備といったものは、ここに乗る準

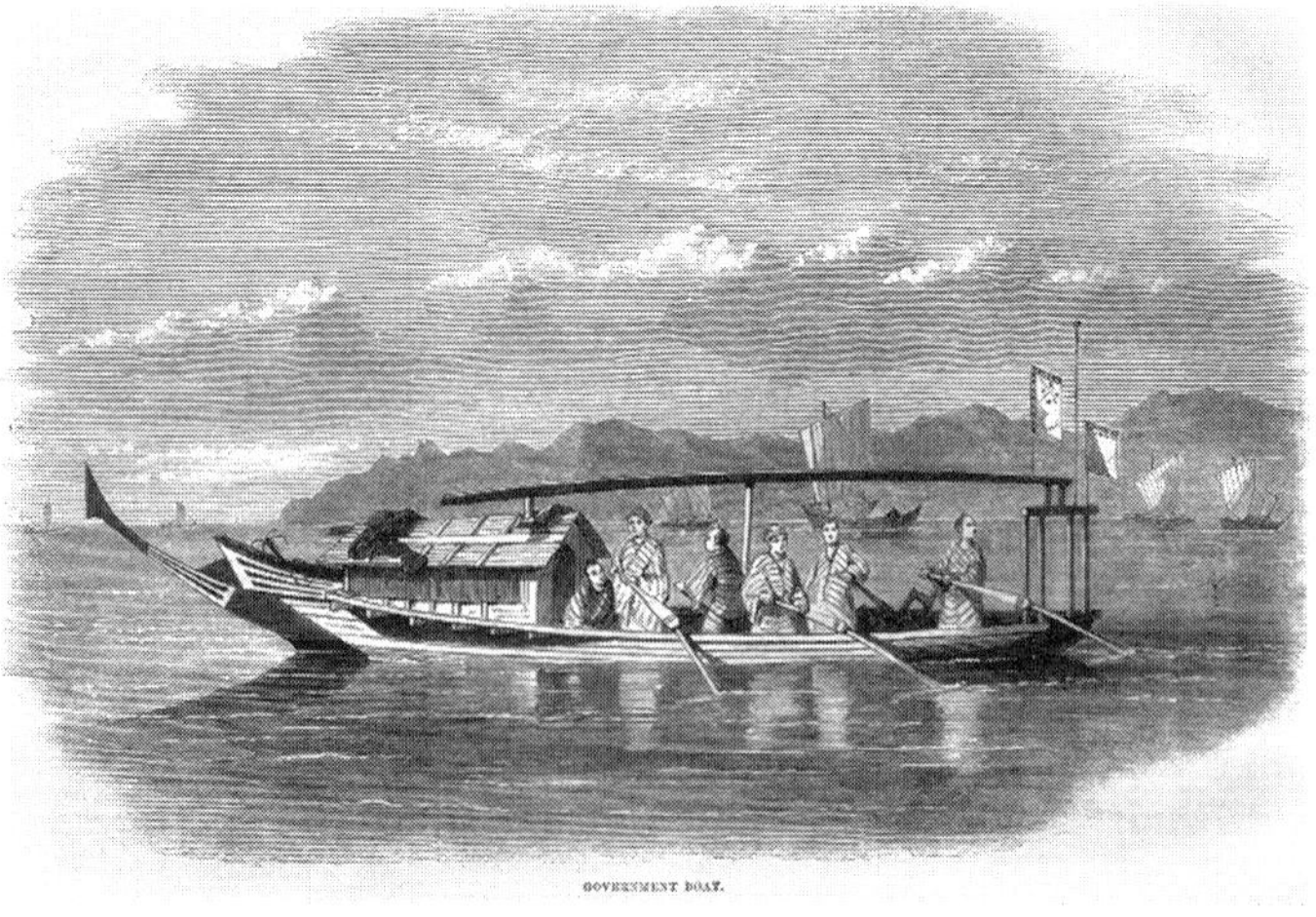

日本の官船

備ができたところを描いたものを掲載するが、ヨーロッパ人にとっては、まったく風変りに思える。ご覧のように、手綱は木綿で、靴は藁でできており、描かれている通り、藁沓の予備がつねにあぶみの下に取り付けられていて、擦り切れたときに取り換えるようにしてある。

運上所の役人

日本の馬

このページは横浜の税関の中の様子を描いた絵であり、役人や人夫たちが忙しそうに荷物や商品を測っている。前面にいる人夫たちはみな、背中に文字や模様の入った紺色の服を着た姿で、奇妙な風采である。

SKETCHES FROM JAPAN, BY OUR SPECIAL ARTIST: THE CUSTOM-HOUSE AT YOKOHAMA.

横浜の運上所

一八六一年日本内地旅行

兵庫の近くで

九州横断騎馬旅行

ILN　第一一一四号　一八六一年十月二六日

今週号では、本紙の特派画家〔ワーグマン〕から届いたばかりの、これまでほとんど知られていない、かの国の内地を描いた数枚の挿絵が印象的である。彼の旅行中での出来事のいくつかを以下にご紹介する。

◇　◇　◇

六月一日〔一八六一年、文久元年四月二三日〕の朝、その日はどんよりとした時雨模様で、われわれの奇妙な行列が出島のうら寂しい通りを出発した。ズボンもはかない二人の日本人が掲げたイギリス、オランダの両国旗が、それぞれの旗竿に可愛げに巻きついている。ノリモン、駕篭、革製の箱、みすぼらしい姿の小馬、役人、人夫たちからなる一行[1]はなかなか絵になっている。八時少し過ぎに、わが行列は歩き始め、長崎のぬかるんだ街をうねりながら進んだが、黒ずんだ茶色の家々がそれまでよりもさらに黒ずんで見える。われわれは間もなくそれらを後にして田舎に出た。そしてほとんど垂直に近いような坂を登り始めたが、山道は段々がついていた。山々は樹木が生い茂り、耕作されている土地がわずかにあった。高いところに上がっていくたびにときどき見下ろすと見事な眺めだ。ところどころ道端には宿屋[2]があり、そこにはウェステルニア〔フジ〕、あるいはなんという名前の植物か、つるがからんだ格子が路上にかかっていて、旅人たちが休憩のお茶を飲む時の日除けになっている。頂上に着いて、われわれは眼下にひろがる美しい谷あいを喜びにひたりながらずっと眺めていた。人夫や馬たちは、擦り切れた藁沓を投げ捨ててしまい、それらが道路にまき散らされる。

十一時過ぎに矢上(3)についた。そこで休憩をし、英気を養った。そこはあるお寺に近い、大きな宿屋であった。料理人たちは準備に忙しく、少年たちがお茶をもってきて、うやうやしい態度でひざをついて渡してくれる。宿の裏手には美しい庭と池があり、淡いピンク色の素晴らしいアザレアの花が咲き、ミニチュアの岩山には小さいモミの木が植わっていた。中庭はわれわれのお供をする者たちでいっぱいだ。現地

長崎近郊の宿

の人たちは頭の被り物をとり、かかとの上にしゃがんでいる。当地では帽子をとることはヨーロッパと同様、敬意のしるしであり、人夫たちが頭に巻いている小さなタオルでさえ、われわれが通るときははずすのである。

空腹をいやし十分に休憩したので、歩を先に進めた。道は広く、両側にはモミの大木が植えられている。枝の先端は絡み合い、まことに魅力的な並木道となっており、そこを通して、この上ない景色を垣間見ることができる。住民たちはわれわれ一行をたいへんに見たがり、実に次からつぎへと笑い、誰しもが笑うのである。われわれは陽気にゆっくりと進み、山を登り下りし、ロマンチックな林間の道や広々とした田舎道を通っていくと、藁ぶき屋根の町、諫早[4]にやってきた。大群衆がわれわれの到着を歓迎してくれた。美しい石の橋をわたり、きちんと刈り込まれた生垣の間を通り過ぎて宿泊のホテルに着いた。このホテルはキュクロプス式〔巨石〕のモルタルなしで積み上げられた一続きの階段の上にあり、この前の宿と同様、お寺の隣にある。どこでも内湯がついている。われわれはテーブルを一つと、椅子を少し持参してきたが、もしそうしなければ、床の上で食事をしなければならなかったにちがいない。寝床は、蚊帳が用意され、床の上の柔らかい畳の上に置かれていた。歌や葉巻でその宵を盛り上げ、われわれは同じ高さのところで横になり休んだ。翌朝、ゆで卵とコーヒーの朝食をとったあと、子馬に乗った。馬は貧弱で、よく蹴上げ、背中がただれた毛深い子馬で、ズボンもはかない人夫に曳かれていく。

足下に大村地方を見下ろすところ(5)にやってきた。手前にはどこにでもあるモミの木があり、遠くには海が見える。火縄銃をもった護衛兵(6)の一隊が我々の到着を待っていて、大村まで警護してくれた。かれらは腕に、まわりの遅い火縄を巻いている。役人は尻尾に青い袋をつけた豪華な馬を自分の後ろに従えている。道端に数えきれないほどの墓地(7)を通り過ぎたが、そこでは娘たちが墓石を花で飾っていた。われわれは威儀を正して大村についた。

どの通りでも、帽子をとった警官が立ち、入江に集まった群衆を抑えていた。人々は誰でも秩序正しく、敬意を示してしゃがんでいた。か

諫早の石橋

れらはいつものように陽気である。ここで二〜三時間休憩したのち、さらに景色の良いところを通って旅を続けた。刈り込まれた生垣、そして両側にきれいな水の流れのある気持ちのいい小道。楽しそうな人々の群れがわれわれについてきたが、澄んだこころころと響く笑い声が大気を満たす。かれらは些細なことでも笑いこける。道は石で縁どられているが、辺りは最近の雨で非常にぬかるんでいた。それから巨大な高さのマツの木の見事な並木道(8)にやってきた。霧雨が降り出したので、防水服を着た。次に高い山を上ったが、そこからはたいへん美しく広々とした眺めをほしいままにした。道を曲がるごとに、新しい魅力にあふれた絵のような光景があらわれる。休憩所に着くときには常に役人がお供をしてくれるが、私がスケッチをしているとき群衆を近づけさせないため

大村で護衛してくれた火縄銃兵たち

に大いに役立ってくれた。兵士たちはわれわれが通ると被り物をとり、いかなる場合でも大きな敬意をもって待遇してくれた。ほとんどの村、そしてすべての町では、家の前に砂が格好良く盛られ、水を入れた桶が置かれている。これらは、大きな敬意を示すしるしであり、道が掃き清められ、すべてはわれわれを歓迎するためにきれいにされたということを示している。

翌朝は、寒かったが太陽が明るく輝き、間もなく暖かくなってきた。道は、細い流れと稲田の間を行く狭い土手道にそっている。前方には魅力的な谷があり、中央は平坦で段々畑があり、木々の間からは小さな家屋がのぞく。両側には高い木の茂る山々がそびえたち、そこを登り始めた。道を曲がるたびに新しい景観が開ける。空気は新鮮で澄み、ヨーロッパでも朝早く経験するような、あの木々の芳ばしい香りが漂う。ケンプ

ケンプファーのクスノキ

ファーが記述したすばらしいクスノキ(9)のところで小休止した。このクスノキは樹齢が一〇〇〇年以上で、幹が空洞になっている。木の周辺には道端の小さな宿屋がある。下のほうにはわれわれを警護する火縄銃の兵士たちが整列している。さらに高く上っていくと景色はますます美しくなってゆく。下のほうの谷あいは素晴らしい段々畑だ。山の頂上には村があり、人々がみな戸口のところでひざまずいたり、しゃがんだりしており、それを見るのはとても楽しかった。木の門と番所(10)を通ると、そこでは兵士たちがみなひざまずいていた。ここの道は大まかではあるが舗装がされている。

ほどなくわれわれは嬉野の温泉(11)に着いた。そこは川が流れる田舎風の町で、あち

THE HOT SULPHUR BATHS AT TAKIWA.

武雄〔嬉野〕の硫黄温泉

こちで水が沸騰し、中に手を入れていられないほどだ。浴場の家は整然と建てられており、身分の異なる人々がそれぞれに入る浴室がある。ここで短時間休んで昼食をとり、先に進んだ。村のはずれでひとりの役人が床几に座っていたが、かれは立ち上がり、四〜五人の護衛兵をつれて次の護衛に交替するまで、付き添ってきてくれた。こうしたことが毎日行われた。景色は今や、それまでよりのどかになり、広々とした谷間にやってきた。わが友人、すなわちニッカーボッカーをはいた役人が堂々と先を歩いて行く。山道を奮闘して進み、美しい竹垣やそのほかの生垣、小さな素敵な家屋のある素晴らしい道を下って行った。田舎の心安まる、素敵な絵だ。そして武雄という有名な温泉[12]に到着した。

武雄への山道

大坂から江戸へ

ＩＬＮ　第一一四五号　一八六二年五月二四日

まさに今や、一般大衆の特別の注目が長い間閉ざされていた日本帝国に向けられている。というのは、わがロンドンに日本使節団(13)が現れ、その随行員のなかには、近代文明の付属物である特別な通信員や画家たちがいて、かれらの能力にそって、忙しくメモをとったり、「西洋の野蛮人」の品定めをしたりしているからである。しからば、わが新聞もこの重大な時期に、日本にいるわが特派画家から受け取ったばかりの挿絵のいくつかとその詳細記事を掲載することは時宜に適ったことであろう。これらは最近ワーグマンが、かの最果ての東洋の島国の内地を旅行した際に描いたものである。九州の長崎にあるヨーロッパ人居留地である出島を、さる六月一日に出発し、翌七月九日〔＊四日の誤り〕日本島の江戸に到着した。この旅行の最初の部分はすでに、本紙に詳しく掲載したが、ここでは大坂（日本のパリに相当する）からの物語をとりあげる。

この都市は、五つある皇帝〔将軍〕の直轄都市のひとつであり、日本の最南端にほどよく位置している。肥沃な平野、そして船の往来が可能な川が町の北側を流れ、少し下流で海に落ちる淀川の岸辺にある。この川は大坂の三分の一を潤しており、その流れの広い運河によって、最大の地区である南の部分および富裕な住民の屋敷に物資が運ばれ供給されている。本通りを流れる大きな水路からいくつか小さい水路が堀切られているが、これらは小舟なら充分通れる深さがあり、商人の家の戸口まで運ぶことができる。これらの水路には百以上の橋がかかっており、その多くは特段に美しい。大坂は極めて人口が多く、日本人は八万人の軍を編成することができると自慢している。ここは日本で第一の商業都市であり、陸路、水路ともに貿易を営むのによい位置にある。富裕な商人たちがあふれ、有能な職人たちが商売を営んでおり、あらゆる種類の手工業者たちが商品を生産している。本紙特派画家の日本内地の旅行経験をふたたび物語り始めるのは、まさにこの贅沢の席、商業の一大貨物集散地からである。

◇　◇　◇

六月一八日、われわれは大坂からいくつかの植物園や大きな寺院を見学するために水上の小旅行(14)に出発した。その日は焼けつくような暑さにもかかわらず、岸辺には両側ともに笑い浮かれた群衆が列をなしている。われわれの船は屋根つきで、部屋に分かれており、例によって畳が敷かれ、衝立で仕切られた室内は個室になっている。数えきれないほどの橋の下を通り過ぎたが、みな木造の橋で、なかには非常に長いものがあった。町は、四方八方に川と運河が交差している。植物園まで行くのには数時間かかったが、岸辺の群衆を見続けて目が痛くなるほどだった。群衆は囃し立てたり、われわれが水に投げた空き瓶を追って泳いだりする。やっとのことで岸にあがり、人垣の列のなかを歩いていったが、並木や庭の木陰や静けさは心地よかった。造園のことから言えば、岩とか木炭からも生えている盆栽の草木以外には、特別めぼしいものはなかった。庭園の高くなったところからは町の眺め、すなわち屋根の眺望がよかった。いくつか素晴らしいフクシアの花があったが、庭園全体にはやや失望させられた。ある大きな寺院に向かう途中で、ふたたび灼熱とまぶしい光にさらされた。このあたりでは道はほとんど廃れた状態で、いくつか小さな寺が道の片側にあるだけだった。かなりの道のりを歩いたが、それでも絵に描いたような美しい建造物を見ることができ、十分むくわれた。それは大きな中庭の中央に立つ木造の塔で、龍やその他の模様が描かれており、中国風の曲線の屋根であった。塔のまわりはお寺の

VIEW OF OSACA

大坂の眺め

堂に囲まれ、美しい公園のなかにあるようであった。

太陽が沈み始めていた。辿らなくてはならない道のりのことを思い出し、戻ったほうがよさそうに思った。舟に戻った時はちょうど日没時で、かなり疲れてしまった。夕食の後、お寺[15]の中庭を歩いた。月がこの立派な古い建物の上に明るく輝き、庭は兵士や警吏たちが集まって煙草をふかしたり、話をしたりしてにぎやかだ。馬たちは餌を楽しんでおり、われわれはこうした風変りで楽しい光景が惜しくて、おそくまで煙草をふかしていた。宿舎の中もこれまた変わったもので、四方八方に折り畳み式の衝立で部屋を作り、その中で役人たちが勘定書きを書いているかと思うと、一方では夕飯を食べているもの、はたまたパイプをふかすもの、そして召使いたちが寝床用の布団を運ぶのに走りまわっている。台所はすばらしく活気にあふれた光景である。炭火が焚かれ、あちこちで煮物をしたり、揚げ物をしたりしている。家僕たちを呼ぶ大きな手を叩く音がすると、「へぇ！」と答える。わが国で言う Coming, Sir! である。こうしたあらゆる物音のなかで、眠りについた。

翌朝出発するときも、中庭はいつものように忙しい光景だ。通りの家並みは果てしなく続いているようで、次々と橋を渡りつづけた。家々もすべてが清潔できちんとしてみえる。やっと町はずれまで来たと思ったとき、広々とした郊外に飛び出した。しかしなお家並みは尽きそうにもなかった。そしてとうとう、はっきりと皇帝の宮殿〔大坂城〕のまわりに出た。そこは、広大な白塗りの建物、というよりもむしろ、ところどころに四角の塔がある高い石垣に囲まれた建物である。その全体を大きなお濠が取り囲んでいる。

　大坂を発ってからは、田舎は完全に平坦なところである。村の小僧たちはすこしばかり礼儀知らずで、われわれの後を走ってきて、叫んだりわめいたりする。しかし、ほんの少し馬の踵を返しさえすれば、餓鬼どもは蜘蛛の子を散らすようにして逃げてしまう。開けたところを旅し、木々がよく繁った非常に険しい山を上ったが、その頂上からは大坂の平野が素晴らしい眺めであった。反対側の眺めもこれまたとてつもなく素晴らしく、雲ひとつない空の下に山並みや渓谷が広く見

大坂の城

渡せる。その頂上で休憩を取り朝食をとった。くだりはいくらか時間がかかったが、景色が素晴らしかったため、その距離は気にすることなく過ぎた。

平野部の大きな村で、大群衆が集まった。かれらはわめき、叫び散らしたので、例によって役人がお咎めをしなければならなかった。ところが、馬が歩き始めるや否や、またもや叫び声がますますひどくなった。かれらを鎮めるにはどうしても役人の助けをかりなければならない。役人のやり方は簡単きわまりなく、ただ扇を一振りするだけで、何百人もの人々を、黙らせるのに十分なのだが、その人々の多くは両刀をさしているのである。まさしく、日本の警察は完璧である。かれらの存在の効力というものを、これ以上確信させるような証拠はほかにほとんど見当たらない。

夕方、奈良に着いた。この町はポルトガル人がいた時代を除けば、これまでヨーロッパ人が訪れたことはない。立派な木々に囲まれた塔や寺院がある古風で絵画的な町である。ここの奇妙なところは、通りを走り回るたくさんの鹿がいることだ。鹿はどのようなことでも傷つけてはいけないことになっており、わが国のコウノトリと同じように尊敬を受けているように思われる。宿屋はぶらぶらと逍遥するところで、周りに回廊があり、ある場所からほかの場所に行く橋がある。裏手では、山から流れてくる水のせせらぎが、眠りを癒してくれた。

奈良を出てから、山の頂上の眺めは美しかった。森の中を馬でゆき、丘を登り下りしたが、朝の空気は多くの木々の花の甘い香りに満ちていた。ちょうど太陽が強く照らし始めたころ、魅惑的で涼しい小谷に入っていった。水が流れ、ライン川近くの小さな渓谷にとてもよく似ていたので、私は昔の日々やほかの国のことを思い出した。笠置[16]に着いたときは、その感じはますます大きくなった。急峻で、木の生茂る岩山の間を川が流れ、両岸の斜面には村がへばりついている。反対側に大名の城がある。われわれ一行の何人かが清流で水浴をした。日中の熱い間は休憩をとり、ついで川岸にそって道をすすめた。ときどき丘の頂上のあたりにある茶畑を横切った。

夜に佐那具《Seranyi》[17]〔島ヶ原〕に着き、滝の音を聞きながら眠りに落ちた。翌朝見た光景は、これまでとは様相がちがう。渡し船で素晴らしい流れを渡った。太陽がまだ昇らず、朝霧がなお谷間にまとわりついていた。風もまた静かで、タケもその優雅な葉をさざめき始めていなかった。この地の人々は礼儀正しく、騎馬の旅もたいへん楽しかった。太陽が山の頂を照らした。マツの木に覆われた山々が無数の不規則な形に分かれていたが、それにかわって稲田とさざ波のたつ流れがあらわれた。道は山の頂上に沿って曲がりくねり、鷲になったように高い場所から下の谷あいを眺めた。もうひとつ変わったことがある！　ふたたび平坦な平野部にやってきたが、そこには大きな町〔伊賀上野〕があり、その郊外では、二、三日前におこった例の耳障りな叫びにあった。ところが町の中に入ると、店や家々はみな戸閉され、目につく人といえばわずかな警吏だけで、その魔法の扇で、このさびれた町を通過できるようにしてくれた。長々としたまっすぐな通りのはるか遠くの端で、彼らがなお二〜三人の無法者が道に飛び出そうとするのを追い払っているのが見えた。脇道はどれも青と黒の縞模様の綿布の幕が張りめぐらされ、われわれが住民から見られないように、あるいは住民を見られないようにしてあった。

うれしいことに、ふたたび自然の中にやってきた。焼けつくような太陽の下を二〇マイルほど馬に乗ったあと手足を休めた。雷鳴が聞こえ、黒い雲が嵐を呼びそうだった。それにもかかわらず、ふたたび馬の鞍の上に乗り、野性的で、サルヴァトール・ローザ〔イタリアの画家Salvator Rosa, 1615-1673〕が描いたような木がこんもりと繁った渓谷、急峻な丘や尖った山に入っていった。背後には、黒松がいかめしく陰鬱そうに見える。雷鳴が鳴り響き、雨が滴り落ち、風が吹き始め、これらがあわさって荒れ模様の景色におおいなる効果を与える。猛々しい流れが岩を激しく打ち砕き、一枚の絵を完成するのに足りないものはなかった。この山道を抜け出たころ、太陽が照りだし、目の前に美しい虹がアーチをつくった。険しい崖から下の流れを見ると目が眩む。ついで農村を通り、大名の宮殿〔亀山城〕のあるところにやってきた。城門とキュクロプス式の石垣やお濠があり、たそがれの中で印象的に見えた。先導する大きな提灯に火がともされ、宿屋までの道を案内されていった。そのあいだ、少年たちが群衆に向かって「トウジン」に敬意を表してうずくまるよう叫んでいた。「トウジン」とはわれわれのことをさしているのだ。

次の日は、馬でゆくので雨に濡れたが、しかし運よく短い行程であった。それはたいへん愉快な旅で、いくつか人口の多い町を通りすぎたが、どこでも人が群がり、また美しい娘たちが大勢いる。彼女らはわれわれが雨に濡れてしたたらせている有様を見て、笑いこけている。この別嬪さんたちはみんな輪になって夢中になっているようだ。彼女らが次から次へと走っていく姿は奇妙なものだ。今日の道は「殿様」つまり偉い大名の家来たちで溢れている。かれらが前を行き、われわれはその後を進んだが、誰もが帽子をとり、道の両側にひざまずいていた。ある大名に属する銃眼のついた塀をめぐらした広大な宮殿〔桑名〕のところを通ったが、それまで見たなかで最大のものである。

休憩した町〔佐屋〕は入江の近くにあり、小舟に乗らなければならなかった。舟で渡る間に雷雨にあったが、対岸の大きな町、宮につく前に晴れ上がった。ここで一夜を過ごし、翌朝橋が壊れていたため、舟で川を渡らなければなかった。別の大名の城〔岡崎城〕があるところを過ぎ、それから絵にかいたような実に美しい町に入った。家々からは奇妙な放水口が突き出ている。壁にはコンパスの東西南北の印が書いてあるが、日本人は頭を北向きに寝ることを非常にこわがる迷信をもっている。午前中にある関門〔荒居〕を通ったが、そこではすべてが調べられなくてはならない。許しがなければ、女子供は誰ひとり江戸に行くことはできないし、また武器を持ち込むこともできない。われわれは調べられることも、また馬を下りることもないと主張し、たいへんな議論のすえに、思い通りの結果になった。

　やがてそこの領主に属する漆塗りの小船に乗り込み、入江〔浜名湖〕を渡った。行く道でシャンペンの空き瓶を前に置いてしゃがみこんでいる乞食に気付

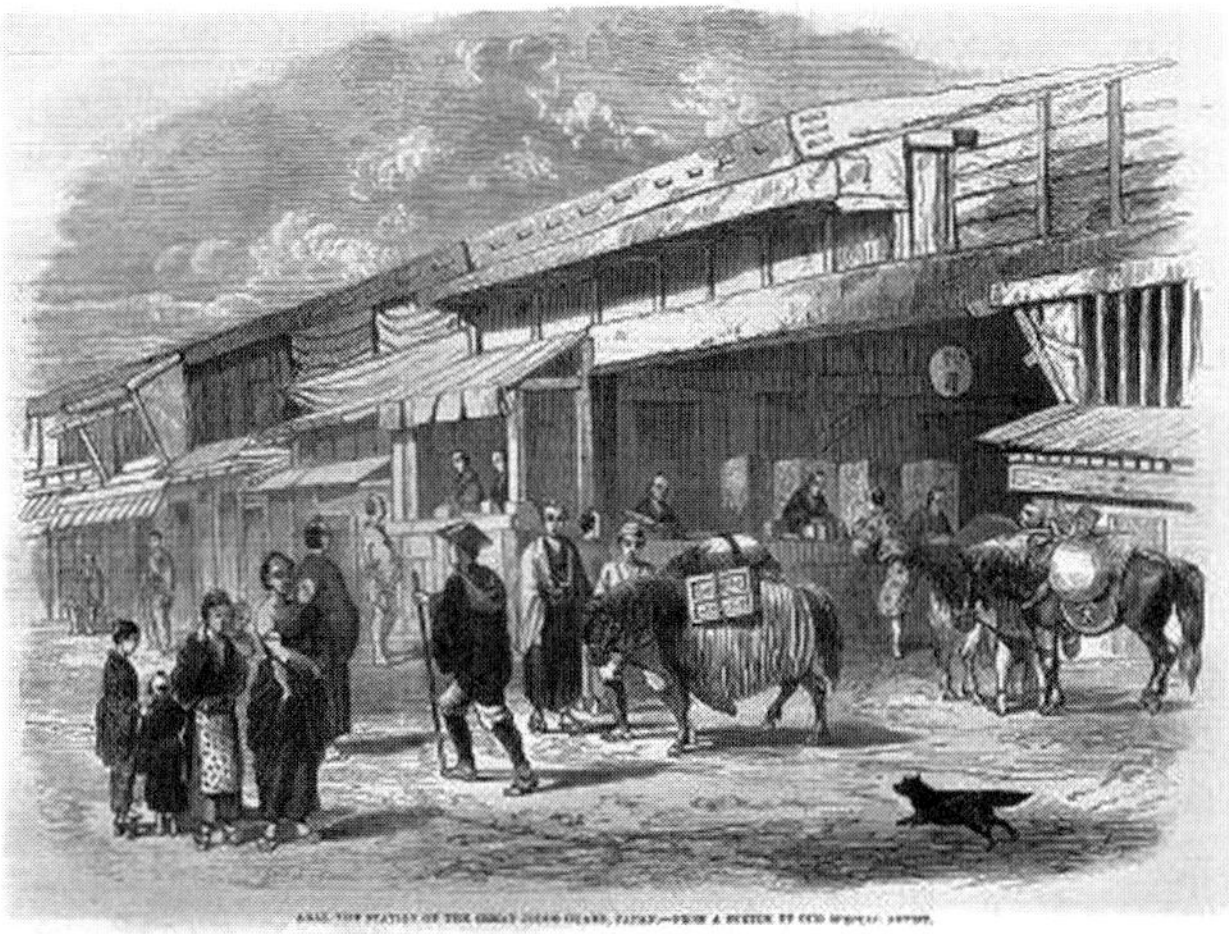

荒居 - 大江戸直轄番所の宿駅

いた。これは、きっと時勢の兆候であろう。少年たちが亀を紐にくくりつけて売っていた。いくつもの渡し場を渡った。雨は激しく、夕方は暗かったが、翌朝は報われた。モミの木の並木道は壮観である。ある山のうえではたくさんの茶屋があり、可愛らしい娘たちが、中に入って元気を回復しなされと招き、われわれの周りに走り寄ってくる。頂上からは金谷や、有名な大井川、そして遠くの山々がよく見える。下りは素晴らしかった。道の両側に壮大な松並木がならんでいたが、岩がごろごろし、荒れていた。金谷は活気のある小さな町で、家々はつぶれたような見かけだったが、それは家と家の間の木の間仕切りが傾いているせいであった。

六月二八日、さらに進んで、この有名な川を男たちに担がれてノリモン〔駕篭〕か、または輦台に乗せられて渡った。ある大名の一行にでくわしたが、人夫たちは水の入ったソーダ水の瓶をくくりつけ、あるものはラインの葡萄酒の瓶を携えていた。かれらはきりりと制服をきてやってきたが、きっと気前のいい一団に属しているのだろう。石のごろごろした川床を進んだが、水が恐ろしいほどの速さで流れているところまできた。人や荷物を運ぶのに雇われた男たちはみな、われわれに敬意を表して、赤いタオルを頭に巻いている。それ以外、下帯を除いては裸である。かれらは川を渡るときには腕を組まなければならないが、それは流れが非常に早く、そうしなければ自分たち自身を支えられないからだ。もし雨で増水した場合には、たいへんな深さになるにちがいない。川の土手には堰き止めるのに役立つ科学的とも言うべき石造りのもの〔蛇籠〕があり、それは紐で結んだソーセージのように、長い籠に石を詰め込んだものをひとつひとつ上に積み上げたものである。

　川を後にして、大きな通りにやってきた。田舎道はかなりの距離で平坦に続いたが、また別の川を渡らなければならず、こんどは渡し船で渡った。雨が降り出し、役人と私は馬を下り、茶屋で待つことにした。しかし、天気はいっこうに晴れる気配がなかったので笠を買い、馬に乗り続けた。翌日は、丘陵の多い地方に入り、非常に険しい山道に来た。頂上には野外の休憩テーブルがい

浜松

くつかあった。

六月二九日、より平坦なところにやってきて、海がわずかに見えた。私がスケッチブックを石の上に置き忘れてきたのを、親切な現地人がもってきてくれた。行く道には村が続いていた。その日は休日だったので、たくさんの旗竿があり、巨大な紙でできた魚〔鯉のぼり〕が泳いでいた。

翌日はまた、海岸沿いを進んだ。大きな町を通り過ぎたが、そこの茶屋にも可愛い娘たちが大勢いた。六月三〇日、茶屋のある山の頂上にたどりつき、そこからは頭に雲をかぶったフジヤマが見えた。われわれと山との間をさえぎるものはなにもなく、フジヤマは平原から堂々とそびえたっていた。雲が消えたので、頂上付近に雪の筋模様が見えた。馬からおりて、この素晴らしい眺めをじっくり見た。茶屋には望遠鏡があった。だらだら坂を下って行くと川にたどりつき、小舟で渡った。富士川の砦のあたりの田舎は平坦で面白みがなかった。道は、モミの木や一面に密生した生垣、さらにはバンヤンノキ〔ベンガルボダイジュ〕の間を曲がりくねっていた。その後すぐに道は矢のようにまっすぐになり、美しくなる。火事で焼け落ちたばかりとみられる村にやってきた。

七月一日、松明と提灯のあかりで出発した。午前中、箱根の山を登ったが、足下には広大なパノラマがひろがり、フジヤマの壮大な眺めが続いた。箱根の山は海抜六〇〇〇フィートある。この天空の場所には美しい村と、素晴らしい湖がある。この湖にはもちろんのこと、不思議な物語が伝えられている。湖の底はまったく見えないという。船で渡ることには大反対されたので、しかたなくそこで泳いだ。この高いところでは、太陽は熱く照っているが、空気は時々とても冷たかった。日中はしばらくここにとどまり、それから下り始めたが、非常に険しい道のりであった。道が滑りやすい溶岩で敷きつめられているため、馬でゆくのは不可能で、歩かなければならなかった。道に沿ってこの山地特産の木工製品のお店がたくさんある。山麓で、ある商人の家に立ち寄ったが、その家では箱根のあらゆる種類の素晴らしい木工品を取り揃えていた。ここで初めて、若い娘たちの接待を受けたが、旅行の全行程にわたってわれわれの行儀について特別に神経をとがらせている役人にとっては、おおいに迷惑なことだっただろう。家の裏手には美しい庭があり、人口の滝、ミニチュアの岩や木や山々、それに観賞用の灯篭があり、いずれも日本特有のものである。窪みには小さな池があり、いろいろな種類の金魚や巨大な鯉がいっぱい泳いでいる。ここの人たちとたいへん楽しい時間を過ごし、いろいろな買い物をした。別れを告げた時、娘たちは優しく頭をさげた。下り道はさらに続いて、美しい景色が次々と変化するなかを下って行った。そして夜のとばりがおりる頃、松明が灯され、それに先導されていった。陰鬱なマツの林の中をゆっくりと進んでゆく。火のついた木片の赤いめらめらとした明かりが、荒っぽそうな人夫たちや、馬に乗った役人たちの姿をぼんやりと浮かび上がらせる。夜遅くなって宿屋についた。翌朝、広々としたところをとぼとぼと進み、いくつも流れを渡り、そして目的地に近づいていった。

　神奈川への馬の旅はとても楽しいものだったが、われわれは、すくなくとも私は、この放浪の旅が終わりについてしまうことに気乗りがせず、道でぐずぐずしたり、茶屋があるごとに止まって休んだりした。犬どもが外国人にむかって吠えだした。人々はもう戸口に

日本の旅籠の玄関

群がったり、敬意をはらってうずくまったり、被り物をとったりすることはなかった。少年たちが「Anato Ohio!」と、親しげな様子で大きな声で叫んでいた。われわれはもはや畏敬や驚きの対象物ではなく、ふたたび単なるブラウンやジョーンズになったのだ。まもなく海に近づくと、遠くに外国船のマストが、そして、横浜が見えてきた。長い、ばらばらとした家並みのところにやってきて、小さな丘にあがり、そして海辺の村に入っていった。ここが神奈川である。私が日本式の笠をつけていたことが現地人を驚かせたようだ。イギリス領事館への道を尋ねたが、それはあるお寺に間借りしてあって、壁を赤レンガで模倣して塗ってあった。大きな部屋に入ったが、わが一行はすでに着いていて、煙草をふかしていた。

次の朝、江戸にむけて出発した。天気はどんよりして、湿気が多かった。ほかの人たちは全員すでに出発してしまい、私は川崎の路上でひとり取り残されていた。しかし役人が何人か護衛のために待っていてくれた。かれらは旅のお供で、私のことをながめては、はっきりと大喜びの表情をしていた。かれらと食事と酒を供にしてから、川を渡り、すたすたと早い歩調で歩きぬけた。途中はずっと茶屋や売店、露店、履き物売りの店が並んでいた。広々とした郊外に着くまで急いでいったが、そこで、湾をとりまいている江戸が見えた。それから品川に着いた。たくさんの人々がみな活発に動いており、通りは物を売る人買う人、獰猛な顔つきをして空威張りしている者たちの群れ、そして走ってゆく飛脚たちでごったがえしていた。われわれの六名の役人は、この群れの中をかなりの速さで突進していった。とうとう木々に囲まれ、イギリス国旗がはためく寺院(18)に通じる道にたどりついた。馬たちをギャロップで駆けさせ、そしてイギリス公使館の戸口に急いだ。

C・W〔チャールズ・ワーグマン〕

日本の政治情勢

THE ASSAULT ON THE LOWER BATTERY AT SIMONOSAKI.—FROM A SKETCH BY OUR SPECIAL ARTIST.—SEE PAGE 621.

下関における低地砲台に対する突撃

〔参考〕幕末の主要事件（イギリスとの外交・ワーグマン関連）

一八五八　日英修好通商条約調印（エルギン卿使節）　安政の大獄
一八五九　初代駐日総領事（後公使）オールコック着任　イギリス公使館設置（東禅寺）
　　　　　神奈川・長崎・箱館三港の開港、貿易開始（露・仏・英・蘭・米五か国）
一八六〇　桜田門外の変　横浜村開港　幕府遣米使節　英仏連合軍北京攻略・北京条約締結
一八六一　ロシア軍艦対馬来航　将軍家茂各国に開市開港延期要請　**ワーグマン長崎に来日**
　　　　　オールコック長崎から江戸への陸路の旅行　**英国公使館襲撃事件**（東禅寺事件）
一八六二　遣欧使節団（竹内保徳正使）渡欧　ロンドン覚書調印　代理公使ニール着任
　　　　　アーネスト・サトウ公使館付外交官として来日　生麦事件（リチャードソン殺害）
一八六三　幕府生麦事件賠償金交付　長州藩外国船砲撃　**英国艦隊鹿児島攻撃（薩英戦争）**
　　　　　薩摩藩生麦事件賠償金交付犯人処刑を約す　横浜鎖港談判欧州派遣を決定
一八六四　全権公使オールコック帰任　**四国連合艦隊下関攻撃**　**鎌倉英国士官殺害事件**
　　　　　外国奉行各国公使と横浜居留地覚書に調印　ニール中佐英国代理公使に就任
一八六五　全権公使パークス横浜着任　安政諸条約勅許　**ワーグマン・ベアト商会設立**
一八六六　徳川家茂大坂城で死去　徳川慶喜征夷大将軍宣下、各国代表に通告　横浜大火
一八六七　**慶喜各国公使を引見　サトウ、ワーグマン掛川で日光奉幣使従士に襲われる**　大政奉還

英国公使館襲撃事件（東禅寺事件）

ＩＬＮ　第一一一二号　一八六一年十月十二日

江戸東禅寺イギリス公使館襲撃事件詳報

去る七月五日、江戸のイギリス公使館において、明らかに公使館員の殺害を図ろうと事前に計画された襲撃事件[19]が発生した。この激しい襲撃事件の詳細は、ドラマチックかつ興味深いものがある。公使館一同が夕食を済ませ、オールコック氏は寝室にひきあげたが、若い館員数名は、この夏わが国〔イギリス〕でも見られた彗星を見るために庭を歩きに出た。そのため普段より遅めに寝室にもどったが、すぐには寝つかれないものもいた。この住居は柱廊玄関の下に大きな戸口のある寺院であるが、庭のほとんどどこからでも簡単に侵入でき、入り組んだ通路がたくさんあり、部分的には灯りもついているが、部屋は敷居の溝をスライドさせる紙製の襖・障子で仕切られている。突然大戸のところで激しい騒音が聞こえ、領事モリソン氏の召使が武装した男が入ってくるのを発見、密かに主人に警告して拳銃を手渡した。それから大きな叫び声が聞こえたが、それはオリファント氏[20]のものであった。彼は狩猟用の重い鞭を手にし、深夜の乱入者を懲らしめようと飛び出したが、出くわした一人の男に刀で肩を斬られた。この男にはもう一人別の凶漢がついていた。オリファント氏が鞭を使って彼らを追い詰めている間にモリソン氏があらわれ、暗殺者の一人を撃ち殺した。しかし二発目の弾丸は、もう一人が身に着けていた銅鎧で跳ね返った。無法者たちは刀を振り回し、モリソン氏に頭を、オリファント氏には手首に傷を負わせた。こうした危機一髪の時にラッセル氏と本紙特派画家ワーグマン氏が到着した。日本人たちは闇のなかに逃走したが、退却する際に柱や襖を斬りつけていった。この間殺害者たちはオールコック氏の居室を探し、どの部屋にもひとつひとつ入ったが、彼の居室への通路を見失ってしまった。オールコック氏は縁側で他の同僚たちと合流した。全部で六名、一人は負傷して動けない状態で、拳銃二丁と刀三本を手元に集めていた。遠くないところでガラスの割れる音がしたが、それはオールコック氏を探す一味の仕業であった。暗殺者たちが襲撃してくるのを今か今かと待ち受けていたが、実際には来なかった。かれらは道を見失い、時間を稼ぐことができたのだ。ヤクニンあるいは日本人警固が到着し、暗殺者たちに襲いかかり、五人を殺害し、残りを追い払った。庭のなかで短い戦闘があり、それからまったく静かになった。館員たちは寝室にもどることはなかった。日本人兵士たちとともに夜通し見張りを続け、明け方になってようやく薄明りのなかで、襲撃者のうちの何人が殺されたのかがわかった。第二の襲撃を防ぐためにリングダヴ号に招集をかける措置がとられ、フランス人海兵たちによる護衛配備を講じた。オールコック氏は他の公使館の館員たちを招集し、共同の安全を図るために対策をとることにした。日本の奉行は神奈川の領事ヴァイズ(21)の家に対しても警備隊を送った。江戸における女王陛下の代表者の無防備な居住に対して行われたこの襲撃事件は、周到な計画にもとづいたものと思われ、住人たち全員がまさに危機一髪のところにあったのである。

本紙特派画家通信員〔ワーグマン〕は、今週号で掲載する江戸イギリス公使館襲撃事件を描いた数枚のスケッチを送ってくるとともに、事件の模様を次のように伝えている。

◇　◇　◇

七月十一日、横浜にて。長崎からこの横浜までの陸路の旅を終わり、その日本内地の興味深いスケッチを本便で送ることができると思っていた。ところが江戸で重大事件が発生したため、その事件について取り急ぎ短い報告を送ることにしたい。

われわれは江戸に到着して二日しか経っていなかったため、一か月間の旅で疲れていた。その日〔七月五日〕は午後十時半過ぎ頃には就寝したが、表玄関の木戸を騒々しく繰り返し叩く音で目が覚めた。火事かあるいは何かちょっとした喧嘩だろうと思い、最初はその騒音に何も気に留めなかった。しかし間もなくして叩く音はマスケット銃を発射するほどに激しくなり、すり足や駆け回る足音で、すっかり目を覚ましてしまった。

やがてピストルを発射する音が二発聞こえ、オリファント氏とモリソン氏が血まみれになって現れた。暗殺者どもはすでに家の中に入ってきていたが、モリソン氏以外は誰も拳銃を用意していなかった。騒動は短時間でおさまったが、ふたたび騒ぎが起こり、ガラスを打ち壊す音や、木をぶち壊す音が加わった。われわれはオールコック氏の部屋にいたが、暗殺者どもはすぐ隣の居室に来ていた。この時間までには拳銃も装填されていた。そして今や役人たちが賊党どもに襲いかかり、広い庭園内と川に通ずる道では大乱闘が起こり、夜警たちが拍子木を激しく打ち鳴らした。役人たちは提灯と抜き身の刀を手にして部屋に押しかけ、自分たちを知らせるために「ニッポン・ヤクニン!」と言った。マスケット銃や銃剣を持った日本人兵士もやはり到着して庭園内に入り、銃を組んだ。四方八方に提灯が現れ、篝火が焚かれた。庭園やその大きな広場は、劇中の一場面のようであった。立派で勇ましい日本人衛兵たちが、あちこちに群れをなして屯するぼんやりとした輪郭が見え、すぐ前の池一面に篝火や提灯、男たちが映し出される光景は、決して忘れることができない。その瞬間でさえ、私は称賛の念でいっぱいになった。そしてさらに警報が出され、拍子木の音とともにしゃがんでいた警護兵たちが跳ね起き、われわれもまた武器をもって持ち場についた。一人の役人と数名の警護兵が息を切らして駆け込んできて、あたりを血で汚した。もう一人の暗殺者が捕縛されたのだ。

かれらのうち五人は死亡し、七名が重傷を負った。すべての物音に気を使いながら耳を傾けた。われわれを護衛する四～五名の役人がついてこなければ、一歩も歩くことができない状況であった。家の周辺で隠れている暗殺者がいないか捜索が行われた。オールコック氏が自分の安楽椅子に座ろうとしたが、ちょうどその時、椅子が血の海になっていることを指摘された。オリファント氏は床の上に蚊帳をかけられて横たわり、失血してぐったりと弱っていた。モリソン氏は額に切り傷を受けたが、ほんのかすり傷であった。彼は片手に刀を、もう一方の手に拳銃をもって立っていた。このようにしてその夜は過ぎた。

　二人の同僚がさらに上のほうの丘にある小さな家に住んでおり、彼らのことが心配でならなかったが、無事に合流し、元気でいることがわかり喜んだ。かれらには危害が加えられなかった。朝になり、庭を見回りにいくと、芝生の上に駐屯する兵士たちと、これまで見たなかで最も勇猛な顔つきの警護兵や警官の群れでいっぱいであった。一方あちらこちらに、ぞっとするほど滅多切りされた死体が横たわっており、なかには頭を真二つに割られている者もあった。役人たちはわれわれのために虎のように勇猛果敢に戦ってくれたのだ。まったく賞賛に値する活躍である。オールコック氏とド・ベルクール氏[22]は、負傷した役人たちの見舞いに見て回った。役人の一人が死亡し、ほかの数名が斬られたが、かなり元気そうで、オールコック氏とド・ベルクール氏がかれらに感謝したのに対し、丁重にお辞儀をした。かれらは自分たちの負った傷と、刃のこぼれた刀を見せてくれたが、それはまさに子供の遊びではない証拠であった。一人は頭に巻いていた鎖かたびらの鉢巻きが真二つに切れていた。髪を剃った医者がかれらに科学的な治療にあたり、傷を洗浄したり、包帯を巻いたりしていた。負傷しなかった者たちは、なんと誇らしげに歩いていたことか！　いつもの空威張りしたスタイルで、刀の柄に手を置き、ふんぞり返り、目は燃えるようなまなざしであった！　こういう場合には役人たちはみなニッカーボッカー〔ゆるい半ズボン〕を履いている。早朝にリングダヴ号に急使が送られ、同艦から海兵の護衛隊とフランス人たちが派遣されてきた。日本政府の幕閣が朝五時にやってきたが、正午までは謁見がなかった。護衛の役人の七、八人が負傷した。襲撃した浪人たちのうちの三人が翌日品川で自殺し、その後もうひとりが逮捕されたが、誰がかれらをそそのかしたかについては何もわかっていない。水戸侯〔徳川斉昭〕が張本人であるとも伝えられている。そしてイギリス公使館を標的にして襲撃した理由として、外国人を嫌悪するからではなく、現在の日本政府をイギリスとの戦争に巻き込もうとする策略からだという。なぜならば水戸侯は、外国人たちがやってくる以前から、常に現在の支配者を転覆しようとしていたからである。

THE ILLUSTRATED LONDON NEWS 367

THE OUTRAGE ON THE BRITISH EMBASSY AT JEDDO, JAPAN: ATTACK ON MESSRS. OLIPHANT AND MORRISON.

THE OUTRAGE ON THE BRITISH EMBASSY AT JEDDO, JAPAN: NIGHT BIVOUAC OF THE YACONINS IN THE GARDEN OF THE LEGATION, JEDDO.—FROM A SKETCH BY OUR SPECIAL ARTIST.
SEE SUPPLEMENT, PAGE

オリファント、モリソン氏への襲撃（上）
公使館の庭で野営するヤクニンたち（下）

生麦事件

ＩＬＮ　第一一七七号　一八六二年十二月六日〔社説〕

九月十七日付の「ジャパン・エクスプレス」〔アメリカ人ショイヤーが横浜で発行した新聞〕は、同月十四日のヨーロッパ人一行に対する殺傷襲撃事件(23)について次のような詳細記事を掲載している。

──江戸から飛び交ってくる条約勢力〔西洋列強〕の政策や、ジョン・ニール中佐(24)の行動に対するさらなる犠牲者が出たことを再び記載しなければならない。この日（九月十四日、日曜日）の午後三時頃、三人の紳士と一人の女性、すなわち、マーシャル氏、リチャードソン氏、クラーク氏、およびボラデール夫人の一行が、神奈川からおよそ四マイルほど離れた川崎に向って東海道を静かに馬に乗って行ったところ、薩摩公の衣装を着た家来たちの行列に出くわした。日本人たちは東海道を横切るように広がり、何らの警告もせずに、一行全員に対して襲撃を加えた。不幸なリチャードソン氏は致命傷を負いながらも、しばし馬にしがみついたが、瀕死の状態で落馬した。ボラデール夫人以外の全員が負傷した。不運なリチャードソン氏は胸部から頭にかけて深刻な傷を負い、数か所を斬られており、複数の人間から襲われたに違いない。マーシャル氏の傷は、明らかに槍で突かれたものだったが、命にかかわる傷ではなかった。もう少し力が加わっていたならば、左の肺まで達するところであった。しかしクラーク氏はより危険な状態にある。彼は左の肩を斬られ、命は助かっても、腕が使えなくなるだろう。ボラデール夫人は無傷で逃げることができたが、哀れにも自制心を失っている。紳士たちは彼女を守ろうとして、自らを暗殺者たちの襲撃の前に身をさらしたのだ。フランス公使は、護衛と戦艦からの武装兵を連れ立って、現場に急行した。遺体は多くの市民、士官や港の軍艦の兵たちによって護送された。ニール中佐に対する感情は激烈なるものがあった。印象では、ニール中佐は迅速に決断して行動することの気遣いや勇気に欠けていたのだ。負傷した一行は、神奈川のアメリカ領事館に連れていかれ、

生麦事件の図　ワーグマン画（横浜開港資料館所蔵）

ヘボン博士(25)が速やかに診察に当たり、可能な限りの治療を施した。かれらは後に横浜に運ばれ、健在である。フランスの警護隊が馬に乗った一人の日本人によって襲撃を受けた。彼は銃剣で突かれ、撃たれた。その日本人が致命傷を負ったかどうかは、分かっていない。

九月十五日、横浜はその日、憂鬱な日であった。商売はすべて中止となり、出発間際の船舶も引き留められることになった。人々の表情は深い悲しみにつつまれていた。その前日は激しい興奮状態にあり、深刻な意気消沈の日であった。そこには、数時間前には健康面でも、生活面でも最高の状態にあり、希望に満ち溢れていた紳士の変わり果てた肉体があるだけであった。リチャードソン氏は幸運をつかみ、横浜の友人たちを訪れていた。彼はセントルイスに移住できることになっていたが、二週間ほど留まるよう説得されていたという。今や陽気で明るいリチャードソン氏ではなく、ずたずたにされた彼の死体のみが残された。彼は恐ろしい傷を被った ― 一か所は背中を斜めに斬られ、肺、心臓、胃が飛び出していた。肩から脇腹にかけての別の切り傷は、背中から腕に極めて深刻なものであった。その他にも数か所の傷を負い、腹部を横切った傷からは大腸が飛び出していた。襲撃の様子については、多くの推測が流布している。負傷した一行はひどい興奮状態にあり、その明確な状況報告は得られていない。可能な限り集められた情報によれば、最も真実に近いのは、一行は三番目か四番目の位階の大名の行列に出くわしたことだ。行列はおよそ百名の人間が列をつくって、邪魔されることなく通行することが認められている。その時一行は一人の巨漢の男と遭遇したが、かれは一行に対して、引き返せ、という身振りをした。一行には女性が含まれており、他にやり様もなく、神奈川方面に戻るべく馬の向きを返そうとした。リチャードソン氏は、自分の馬の向きを変えるや否や、背中を袈裟懸けに致命的な傷を受けた。それから襲撃は一行全員に及んだ。ボラデール夫人も刀で襲われ、帽子の前の部分と前髪の一部を切られた。幸いにも彼女には深刻な傷はなかった。マーシャル氏はボラデール夫人に、馬を全速力で走らせて逃げるように言った。彼女は助かったが、一行全員が殺されなかったのを知ったのは、長時間経過した後のことであった。彼女はアメリカ領事館に向けて走ったが、その玄関にたどり着いた時、馬が臆病になり、横浜に向けて全速力で走った。ボラデール夫人は疲れ果ててS・J・ガワー氏の居宅にたどり着いたが、七マイルを走る間、頭は真白だった。これは実に女性にとっては極めて厳しい試練であったが、おそらく彼女の精神力と勇気が命を救ったのだろう。事件全体を目撃したという一人の日本人少年によると、リチャードソン氏は地面に座り、水を欲しがっていたという。その時ノリモン〔駕籠〕が立ち止まり、乗り主が「何事であるか?」と尋ねた。「Ryozin Bakara〔ただの外国人〕でございます」との返答であった。駕籠の男はノリモンから飛び出し、さらに数か所の傷を負わせた。おそらくリチャードソン氏はこの時に致命傷を受けたものと思われる。

午後四時、リチャードソン氏の遺体は、ル・モンジュの軍楽隊に先導された長い葬列に伴われて墓地に運ばれていった。そこでは数多くの武装兵士、主教のバックワース・ベイリー師が付き添い、混雑のなか遺体は、ハワード・ヴァイズ氏、S・J・ガワー氏、さらにアスピナル氏、J・H・ベル氏の四氏によって柩で運ばれた。柩の担ぎ手の代わりに、遺体の護衛のために武装したフランスとイギリスの兵士が縦に列をつくった。続いてフランス公使、イギリス代理公使、ダルクール伯爵、イギリス海軍提督、艦隊司令官副提督クープマン、その他の士官、領事など、さらには各国の居留民が続いた。後ろにはイギリスの警護兵が繰り出し、全体が堂々として荘厳な葬列となった。墓地では英国教会による埋葬が行われ、バックワース・ベイリー師が感銘を与える追悼文を読み上げた。

日本との戦争

ＩＬＮ　第一二二一号　一八六三年七月四日〔社説〕

もしもこの国〔日本〕の皮肉な敵〔イギリス〕が、文明のもたらす進歩が何を意味するかを、どのように定義するかを問われたならば、イギリスは銃剣を突きつけて、貿易のための新たな市場を開くこと、と答えることになるだろう。しかしながらイギリスは良き愛国者として、この嘲笑う態度を拒否するだろうし、常識をもった人間として、事実を受け入れなければならない。他のあまり重要でない実例はさておき、理論の問題に関して、中国の例を取り上げよう。象徴的なことに理解を示さないこの無知な国に対して、貿易品の貨物の形をした文明を提供するのにいかに長い年月を費やしたか？　そしてこの国の玄関先にどれほど長い年月にわたって留めさせられたか、その排他的態度がわれわれの目をいかに惑わすような雰囲気を与えたか？　しかし未開人を文明化させる独自の方針が緊急性をもつことは、否定されるものではなかった。そして中国との第三、第四の戦争の過程において、イギリスは沿岸地方に押し入り、皇帝自身が飼い馴らした多くの品種の豚ども〔警官〕より、支配層に関わりが少なかった地方の農民を殺害するという過ちを繰り返した末に、北京に入った。そしてようやくにしてわれわれは理解されたのだ。中国の政策のなかに、武装したイギリス人というのが、単なる進取の精神をもつ貿易商人の先駆者に過ぎないことがようやくにして理解されたのだ。そしてこれまでの経過に関する限り、神聖帝国〔中国〕がついにヨーロッパの商業に対して開国したこと、とりわけイギリスに対して特別な待遇をもって開いたと信ずるに十分な理由がある。商業的侵略の道を開くために銃剣による侵略の仕組みに巻き込まれたという、政策に関する抽象的な疑問については、今や詳しく述べる必要はないだろう。しかし、そうした政策の詳しい行動に関して言えば、中国でわれわれが繰り返し行ってきた作戦で起きた事件の過程から、有益な教訓を得ることになったのである。中国人のような戦争好きでないアジア人とであっても、小さい戦争は誤りであることがはっきりと示された。中国の沿岸地帯にわれわれが投機的なものを残し、そしてイギリス女王と中国皇帝との間の戦争を遂行した時、困難なことが無いことが分かり、結果ははっきりしている。中国との関係がこのようなものであったように、日本との関係も似たようなものと思われる。最近の情報が知らせてきた通り、日本に対してはイギリス、フランス、オランダが既にはっきりと宣戦布告しており、戦争をいかに遂行すべきかという問題になっているのである。イギリスは先の、あるいは最近の中国との戦争の前例にそっていくべきなのか？　積極的な報復行為が必要になってきたと想定するなら、同種の国民と係わってきた長い経験は無駄だったのであろうか？

日本帝国との和親条約が締結された後に、エルギン卿(26)は一瞬のインスピレーションのうちに大君の領域に外交交渉をしかけ、通商条約の交渉を行った。なぜならば、アメリカ合衆国がわれわれに先んじて、通商へのあらたな販路として日本を開国させるだろうとイギリスが恐れたからにほかならないからだ。日本は中国よりも外国に対してより以上に排他的であり、もっと近づき難いという説がある。しかし実際には、ヨーロッパの全権使節たちの最初の接近は、予想よりも簡単であったことが分かった。作戦の範囲は比較的狭く、外交は実際の支配層に届かなくなるほど地方からの妨害が長引くことがなかったという事情によって、得られるものがあったのだ。かれら支配層には独特のものがある。日本には、大名という名の階級があり、それは封建制度の貴族に似ている。これらの大名たちは、それぞれに支配者であり、特定の領土、家来、そして軍と呼ぶことができるほどの直接采配できる武力を保持している。かれらは互いに敵対関係にあるかもしれないが、外国人の存在に対しては固い団結で共同戦線と行動を示す。事実かれらは寡頭政治を構成しており、君主〔将軍〕は名目だけの存在でしかない。大名たちには特別の仕事があり、魔法をかけたかのような輪のなかに国民を支配、隔離し、あらゆる手段を講じて下層階級が外国からの物事や人間の知識を拡げようとする自然の風潮を押さえつけているのである。日本ではこの貴族階級がすべてであり、国民は存在しないという事実は、何ら驚くべきことではない。したがってヨーロッパの全権使節団が十分な自由をもつ通商条約の交渉を目前にして、相手にしなければならなかったのは、他ならぬ大名たちであり、交渉が成功したのは、外交団が訪問した時にちょうど大名たちのほとんどが江戸に呼び集められていたという偶然が幸いしたのだ。

伝えられるあらゆる報告によると、日本の交渉団が受け入れた諸義務は、裏切られたものとみなされており、条約が調印されたまさにその時点からそれを無効にする方策がとられているのである。大名たちは、もはや江戸にいるヨーロッパ列強の力が届かないところに自分たちの問題を整理してしまい、条約に反対するあらゆる敵対行動に、自らを犠牲にする覚悟である、と言われている。さらにかれらは強力な軍隊を立ち上げ、それを領内に集中する一方、条約のもとで市場が開かれることになった町すべてを要塞化しているという。要するに、条約にかかわったヨーロッパ人を拘束するために国中に物議をかもすためのあらゆる準備がなされているという。もたらされるこうした情報は、日本の指導者たちがイギリス側の精力的な行動がおそらく海岸地帯に限られるだろうし、少数のイギリス軍は日本帝国の中心部を直接攻撃するのではなく、先端にだけしか展開し続けないだろう、と推測しているという確信に導くものである。わが同胞人たちに対するこうした冷酷な行動や裏切り行為を、日本の指導者たちにそそのかすものは、単なる安全保障の感覚にすぎないし、その事態は今や頂点に達している。忌々しいことだが、それを取り除く必要性がでてきた。ヨーロッパ人たちがこの国に居住して以来、日本の領袖たちの間にはヨーロッパ人を計画的に殺害しようとする組織があるものと思われ、この問題は驚くほど執拗に実行されてきている。周知のとおり、今やヨーロッパ人はいつでも襲撃を受ける危険にあり、その頂点に達している。また外交代表は自分たちの身を護るには不十分であることを正式に宣言している。もちろん次なる対策が不可避になっている。フランスとイギリスの小艦隊は日本に移動しており、その姿勢はわれわれの知る限り敵対的と思われるが、大名たちをあまり不安にさせてはいない。最新の情報が示すように、上述した正式な宣戦布告が差し迫っている。

今や、この国〔イギリス〕を日本との衝突に至らしめる政策について、議論する時間は過ぎてしまった。第一に、すべてにおいてイギリスはフランスと緊密な同盟を組んでおり、単独で行動してきてはいない。しかもかりにアジアに対する伝統的な政策を覆し、競争から撤退する気になったと仮定しても、それはわれわれが引き起こしたものではなく、蒙ったものである。わが同盟に対する信頼関係は、彼らが同調しなくても、われわれがそうすることを許さないだろう。事実このような類の事は一切意図されてはいない。今や唯一の問題は、現在われわれに実際に課されている戦争をいかに遂行すべきか、である。うんざりするほどに繰り返し責めを負うというリスクについては、戦争は全面的な規模で行うべきであることを、再度主張するものである。またヨーロッパの戦争と同じように、直ちに遂行されるべきものである。つまらないことに拘ることなく、緊急事態には時間を浪費すべきではない。しかし何事も、明確に、短時間で、そして決定的になされるべきである。単なる経済的理由からして、こうしたやり方がもっとも推奨される。確かな出費は、最も簡単に割の合う支出である。時として長引く作戦によってその二倍にも三倍にもなるよりも、一括して二百万〔ポンド〕程度の出費をし、やってのけたほうがよいだろう。フランスとイギリスの同盟軍が北京に凱旋した時、われわれの側では、その遠征ができるだけ完全なものに近いやり方で計画され、実行することが認められた。同じ方法、おそらく同じ行為の主体の多くが、なおわれわれに任されているのだ。そして、中国で行った最近の最も効果的な作戦を特徴づけるような見通しにおいて、最後まで同じ精神と同じやり方で行動に移されるべきである。もしも日本との戦争をしなければならないのなら、それはただちに、そして最初にして最後のものになるよう行われるべきである。

THE ILLUSTRATED LONDON NEWS

No. 1211.—VOL. XLIII. SATURDAY, JULY 4, 1863 WITH A SUPPLEMENT, FIVEPENCE

WAR WITH JAPAN.

「日本との戦争」
The Illustrated London News. No. 1211. July 4, 1863.

生麦事件賠償金支払い問題

ILN 第一二三二号 一八六三年九月十二日

一八六三年六月二八日 横浜にて

私〔ワーグマン〕は、一週間前に英国軍艦コーモラント号で上海から当地に到着した。その途上で私は、日本政府に対して最後通牒がなされたことを聞き、日本政府がそれを拒否することによってその後に予想される大混乱を取材するのにちょうど間に合うだろうと期待した。ところがペナン〔マレー半島のイギリス領の島〕に着くと、なお猶予が与えられ、戦争か平和かの重大問題の決断をするまでにさらに二十一日間延期されたことを聞いた。それは四月のことであったが、香港に着いた時さらに延期されたことを聞き、問題はまだ決着されていなかった。私が上海に着いた時には、意見がわかれているようだったが、おおむね戦争に賛成するという印象であった。長崎での状況について、不穏な噂が流布していた。商人たちは身を護るためにさまざまな手段を講じているそうだ。領事は港のなかの船の上で寝泊まりし、町は武装した日本人であふれかえり、かれらは外国人に対して横柄な態度をとっており、砲台が建造されつつあるという。そして外国人に対しては戦争と決定され次第、退去するよう緊急命令が出されるだろうと予想されているとのことだ。

この間、こうした好ましくない印象を強めるかのように、日本から上海に続々と船が到着している。それはこうした動揺が続くのを助長している。コーモラント号は途中、チチャコフ岬〔佐多岬、大隅半島九州最南端の岬〕の沖合でレイスフォース号に出会ったが、同船から得たニュースによると平和はまだ破られておらず、維持されそうであるとのことだった。しかし横浜湾に着くや否や、情勢はふたたび一変した。センタウアー号が知らせてきたところによると、戦争は切迫し、提督〔キューパー〕(27)は商人たちに八日以内に貴重品を持って乗船するよう命じており、間もなく積極的な軍事作戦が始まるだろうとのことだ。こうしたことから、上陸したら町は横柄で喧嘩好きの兵士たち以外は、誰もが町を退去しているものと予想していた。ところが状況はまったく違っていた。明らかに混乱を示すような兆候といえば、ホテルに貼られた掲示文だけで、それは「宿泊人およびその他の人々は、来る二十七日までに当面の勘定を現金で清算していただきたい」というものであった。街路は普段の様相をしており、商店は開かれており、人々はいつものように愛想よく微笑んでいた。両刀を差した男たちは、喧嘩を吹っ掛けるどころか、奇妙にも礼儀正しく、ヨーロッパ人でさえいつもより人目を引くような武装をしていない様子であった。私は二、三人だけ武器を携行している人に出会ったが、そのうちの一人はアメリカ人に違いない。われわれは夕方には外で食事をし、そのあと武器も持たず、また何事にも邪魔されずに町を歩き回った。しかもなお、世間では漠然とした噂が広まっており、戦争か平和かの問題は、人々を大いに混乱させるほどではなかったにしろ、気になっていることは確かだ。

こうした状況が数日間続いていたが、町ではリチャードソン氏の殺害に対して要求された賠償金に関して、ミカドの使者である一橋〔慶喜〕が到着するだろうとのうわさ話が始まっていた。確かにそのとおり、ある夕方、賠償金を積んだ日本の蒸気船が到着した。当局は夜陰に乗じて、直ちに賠償金支払いの課題を果たそうとして必死になっていた。しかしニール中佐は断固とした態度をとり、翌朝の夜明け前、横浜の住民たちは、ドル〔洋銀〕を満載した荷車が港からイギリス公使館へと運ばれるガタガタする音で目を覚ますことになった。日本人たちは再びニール中佐に対し、積み荷の賠償金額が正確であることを認め、それ以上公衆の面前にさらされることなく引き取るよう懸命になって説得していた。しかしこれもまた拒否され、そのためかれらは公衆や、笑っている人夫たちのいる前で、数え直さなければならなかったのだ。かれらがイライラしているなかで、ミカドからのものと称する命令が外国列強代表のもとに達せられ、今や賠償金が支払われ、満足したであろうから、外国人たちは直ぐに立ち去るようにとのことであった。これに対し、さらに強硬な抵抗がなされた。フランスの提督は、武力行使がなされた場合には、居留地を保持することを直ちに宣言した。その他の代表たちも同様に率直に語り、まもなく陳謝の意が表明され、原状回復となった。賠償金は現在ニール中佐の住居からパール号上に移される途上にある。この間、警戒をおろそかにしてはいない。町を見下ろしている山の手にイギリスによる砲台が一つ建造されつつある。夜間も強力な警戒網が張られた。アプリン大尉の指揮する騎馬隊がイギリス公使館の敷地に駐屯し、艦上に搭載されたアームストロング砲は油断なく発射準備ができている。私はこうした事実を日本人たちが奇妙にも気づいており、そうした事態を引き起こすことを特別に嫌っているものと思う。賠償金が支払われた翌朝、海兵隊の大行進が行われた。軍楽隊と巨大な榴弾砲、アームストロング砲を伴い、海兵隊は神奈川に向けて街中を行進し、奉行所の前に整列した。天気が良く、軍楽隊の音楽はたいへん感激させられるものだった。常に機敏で才知のある日本人たちは、我が軍の奉行所への堂々たる訪問が、賠償金を支払う日本政府の腰の低い態度に対する謝意を表するためであったという報告を、数時間のうちに外国向けに広めたのであった。

目下のところ、新しい条約がミカドとの間に締結されるだろうとの噂がある。このことはもっと前に行われてしかるべきだった。私は、薩摩だけが進んで外国との友好的な関係をもつだろうと、信じて疑わない。なおかつ、われわれが大名たちの気質を見誤り、また彼らの多くがこれまでも、また現在もわれわれに友好的であること、しかしながら条約港のすべてを手中に収めている大君政府が外国貿易によって利益を独占しようとして、大名たちを中傷してきていることに気付いたとしても驚くべきことではない。だが実際のところは、関税収入は大君のところにだけ納められるのであり、大名たちは当然ながら多量の黄金の分け前にあずかれないことを妬み、苛立っているのである。その他にも愉快な噂があり、日本人の間で内戦が始まるのではないかということが気安く論じられ始めており、しかも大君はどう見ても人気がないことである。私はこの機会に、イギリス公使館で賠償金を勘定している風景のスケッチを送る。二人の日本人の運上所役人が臨席して椅子に座っており、三人の中国人の貨幣鑑定人が金額は正しいか、貨幣の質は良質かどうかを見分ける仕事

SKETCHES IN JAPAN: COUNTING THE COMPENSATION-MONEY FOR THE MURDER OF MR. RICHARDSON.—FROM A SKETCH BY OUR SPECIAL ARTIST.—SEE PAGE 236.

リチャードソン氏殺害に対する賠償金を勘定する

賠償金をイギリス軍艦パール号に運ぶところ

に従事している。計算が済むと箱詰めにされてパール号の艦上に積み込まれる（もう一枚のスケッチがその題目である）。そこまで運ぶ途上では、アプリン大尉の騎馬隊に護衛され、それぞれの箱に二人の水兵が警護する。日本の少年たちがこの物笑いの種になるような光景を面白がっており、役人たちは目を見開いて、「なるほど！」と叫ぶ。これはわれわれが言うYou don't say so〔そうおっしゃいますな〕と同じ言葉である。

今夜は郵便が〆切になる。これ以上のニュースはない。私はこの横浜で小さな家を手に入れたので、まもなくきちんとした仕事ができるようになるだろう。官吏たちや商人たちは再び自由にこの地方で馬を乗り回し始め、物事は平穏の様相である。しかし生活には確かさというものがない、まったく日本においては生活にその実感がないのである。

横浜　七月十三日

ＩＬＮ　第一二二三号　一八六三年九月二六日

前回の通信以来、われわれと横浜の人々との関係を混乱させるような事件は何も起きていない。長崎から神奈川に向ったアメリカの船が、日本人から砲撃を受けたという噂がある。しかしこの事実は、ここ横浜にはまだ影響を及ぼしていない。艦隊はなお湾内に停泊しており、ピクニックや芝居が毎日行われている。横浜周辺の散策をするために組織され乗馬で出かける組は、住民から非常に礼儀正しい態度で迎えられている。大君は今だに大坂の自分の宮殿〔大坂城〕に留まっており、それはミカドが大坂を離れることを許さないからだと言われている。大君がうまく江戸に戻ってくることができれば、かれは自分の責任において行動するだろうし、そして、あらゆる危険を冒してもヨーロッパ人に対して国を開くだろうと期待されている。

私の家には日本人役人が殺到し、私の描いたスケッチや、仕事仲間のＢ氏(28)〔フェリックス・ベアト〕の撮った写真を見にくる。かれらは極めて礼儀正しく、果物や紙、扇子などのプレゼントを持ってくる。明日は今まで駐屯していた連隊が出発することになっており、新しい連隊の士官たちがすでにわれわれを訪問しにきた。日本人の歩兵隊のなかには、アプリン大尉の騎馬隊の服装を真似しているものがおり、脇に白のストライプが入ったブルーのズボンをはき、これはびっくり仰天するような刷新である。最近の騒動のなかでにわかに招集された一種の民兵隊のような、農民あがりの徴用兵の姿を描いたスケッチを送る。かれらはマスケット銃で武装し、一本だけ刀を差している。その衣装は見事なもので、淡いブルーの上張りに、ゆったりとしたズボン、長靴下に藁のサンダル〔草鞋〕という服装である。ヨーロッパ人の駐屯部隊と同じような訓練を受けている。

騎馬隊を描いたスケッチ〔次ページ〕は、日本の騎馬武者の姿をよく表しているだろう。かれは手綱を非常に強く引いて馬の頭を持ち上げようとするやり方をしており、短いあぶみと高い鞍は、いかにもかれが止まり木にとまっているかのように見える。

THE NEW LEVY OF JAPANESE INFANTRY.

日本の歩兵隊招集兵

先週の木曜日、英国軍艦ペルセウス号では、盛大な宴会が開かれ、芝居、音楽、そして素晴らしい夕食がでた。多くの観衆のなか、午後七時に幕が開き、観客のなかには提督〔キューパー〕とその参謀、そして湾内の全軍艦の艦長が含まれていた。また二人の婦人が列席して、代表者に敬意を表した。大勢の水兵たちが甲板上でしゃがんでいた。芝居が終わると、われわれは後甲板上の宴会場に移動したが、そこにはおよそ一〇〇人の客が夕食の席についた。すべての手配が完璧で、パーティーは翌朝近い時間まで御開きにならなかった。

日本の騎馬隊

長州藩による外国船砲撃

ＩＬＮ　第一二二六号　一八六三年十月十日

日本にいる本紙特派画家は、数枚のスケッチを送ってきたが、そのうちの二枚には若干の詳細な報告を一緒に寄せてきた。それよると、最近、長門の大名がオランダ、アメリカ、フランスの船舶に対して下関で砲撃(29)を行い、それに対し関係各国の海軍が速やかな行動をとったのである。横浜のイギリス工兵隊長フレデリック・ブライン氏の厚意によって、ここに示す地図〔次ページ〕を掲載できた。この地図は、アメリカのスクリュー蒸気船ペムブロウク号（クーパー船長）、外輪付き通信船キエン・チャン号（ラフォン少佐指揮官）が六月二六日と七月十六日の朝に砲撃を受けた時の位置、オランダのコルヴェット艦メデューサ号（副官カセムブロート中佐指揮）およびアメリカのスループ艦ワイオミング号（マクドゥーガル艦長）の七月十一日、十二日の航跡、さらに海軍少将ジョレス指揮下のフランスのフリゲート艦セミラミス号と、スループ艦タンクレード号の七月二十日における位置関係を示している。

横浜　七月二八日

前回の通信を送って以来、長門の大名は、自らの責任においてちょっとした戦闘行為にふけっている。彼の領地は瀬戸内海にあり、下関の周辺にある。アメリカの蒸気船、ペムブロウク号は、最初に砲撃を受けた外国船で、二か所に砲弾を被った。さらにフランスの郵便船一隻が、続いてオランダ軍艦メデューサ号が攻撃を受けた。メデューサ号は正規の戦闘行動を行い、船内に三発の砲弾が爆裂し、二〇回ほどの砲撃を受けて死者四名、負傷者五名を出した。同艦は厳しい対応をして報復攻撃を行ったが、一時間半にわたり、砲台からと艦船からの砲撃にさらされることになった。六か所の砲台、蒸気船ランスフィールド号〔長州藩がイギリスから購入し、砲門を装備し、「壬戌丸」と命名〕、ブリッグ船〔横帆の二本マストの船〕ランリック号〔同じくイギリスから購入し、「癸亥丸」と命名〕とバーク船〔三本マス

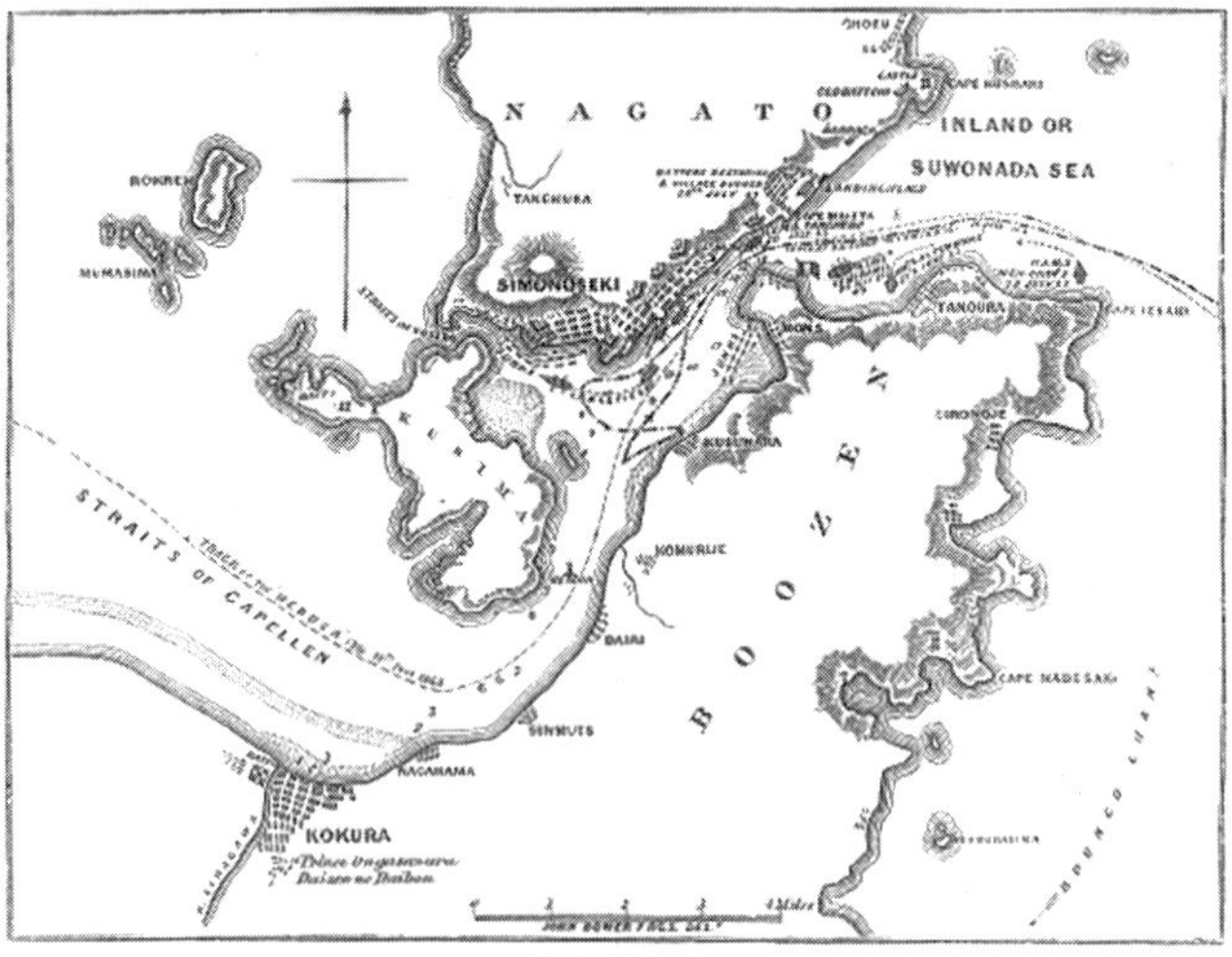

日本の下関湾

トの船〕一隻が、同艦に対抗した。メデューサ号はもちろんのこと〔長年日本と友好関係にあるオランダの立場から〕十分な戦闘行動はできず、勇敢にも交戦した後に退却し、ここ横浜に帰着した。アメリカの蒸気軍艦ワイオミング号は、ペムブロウク号への攻撃の直接の知らせがあると、直ちに下関に出向いた。ワイオミング号は、ランスフィールド号とランリック号の間を走り、通り抜ける間に長州の各船に対して舷側砲による砲撃を行い、さらに砲台に対して集中的に砲撃を加えた。数門の大砲を破壊し、両船〔壬戌丸と癸亥丸〕が沈没する状況を目撃した。ランスフィールド号は汽罐室に砲弾を浴び、爆発の原因となった。ワイオミング号は、多くが木の茂みのなかにある砲台に対する攻撃がさほど出来ないことが分かり、横浜に引き揚げた。続いてフランス提督がセミラミス号に乗り、タンクレード号を率いて下関に向ったが、もともとあった砲台群に対しては十分に近づくことができなかった。しかし向かい側に一か所の砲台を見つけ、直ちに艦を進め、砲撃を加えた。そして砲台を黙らせると、二〇〇人ほどの兵を上陸させ、砲台を奪い、二つの村を焼き払った。この間、数千人の日本駐屯兵からなる一軍が、フランス軍を寸断しようとして、下関から接近してきていた。しかし彼らは、セミラミス号からの砲弾の嵐に立ち向かうことができず、退却した。

英国女王陛下の通信船コケット号も同地に出向いたが、これまで同船からのニュースは何も届いていない。この間、砲台群に対する決定的な攻撃はなんら加えられなかった。そして長門の大名は、かれを攻撃するいずれの戦艦も数時間の戦闘の後に撤退するのを知った。

イギリス艦隊は、この数週間のあいだ鹿児島を視察するために、薩摩の領地に向かっており、さらに大坂に行く予定であるが、まだ戦端が開かれる様子はない。もしコケット号が砲撃を受けたら、それは極めてありそうなことで、その際は英国旗の正当性を立証しなければならないだろう。

ATTACK ON THE DUTCH WAR-STEAMER MEDUSA, OPPOSITE SIMONOSEKI.

下関の向かい側で砲撃を受けるオランダ軍艦メデューサ号

薩英戦争

ＩＬＮ　第一二二八号　一八六三年十月二四日

キューパー提督率いるイギリス艦隊は、鹿児島を包囲して破壊し[30]、薩摩の大名がヨーロッパから購入した三隻の蒸気船を焼き払った。イギリス外務省から次なる詳報が提供された。

「交渉でのあらゆる試みがしつくされ、イギリス艦隊は八月十五日土曜日、薩摩の大名の都市鹿児島の向かい側に布陣し、戦闘準備が整った。海岸にある二か所の日本の砲台から、わが艦船に対して砲撃が開始され、それに対する反撃を行った。夕暮れ時までには町の数か所が炎上し、三か所の要塞を鎮圧した。わが軍の損害は、死者十一名、負傷者三九名である。ジョスリングおよびウィルモット両艦長は、この時の砲弾によって戦死した。十六日日曜日には、イギリス艦隊は屈せずに、全砲台との間で交戦した。報告によれば、町は宮殿、工場、兵器庫など、廃墟と化している。薩摩公の三隻の蒸気船は完全に破壊された。海岸の砲台は、日本人によって巧みに操作されていると伝えられている。」

鹿児島は、日本の四つの島の一番南、九州にある。

◇　◇　◇

中国にいる本紙の特派画家通信員は、八月九日横浜から次のように書いてきた。

「艦隊は一昨日、薩摩公の首府である鹿児島に向けて出港した。七隻が出航し、そして七隻がここに停泊している。船舶が砲撃を受けた下関では、これまでのところ攻撃は何も企てられていない。コケット号が帰着し、フランス軍が占拠している要塞の下に停泊している。一人の日本人役人が船に乗り込んできて、艦長とワインを飲んだ。しかし、双方に通訳がいなかったため、かれの喋ったことの多くは、艦上の誰も理解できなかったようだ。数日前、日本人兵士一人が、何人かのヨーロッパ人に腕を撃たれた。かれらが言うには、日本人が刀を抜いてきたので、当然ながら発砲したとのことだ。かれらに対し非難が持ち上がり、平穏を維持するために五週間の間拘束されることになったが、当の日本人によって訴えられた模様だ。この事件は、横浜に近い、ピクニックの場所としてたいへん喜ばれている金沢で起きた。オランダ総領事は、江戸に出かけ、一〇日ないし二週間滞在するつもりである。この場所の周辺すべてにわたって番所が点在しており、数多くの日本兵が駐屯している。横浜に通ずる主要な橋には、真鍮製の野戦砲と歩哨を置いており、兵舎がある。われわれを保護するためにかれらがいてくれれば、非常に安全である。大君は大坂から帰ってきて、現在江戸にいる。かれは蒸気船ライムーン号で戻ってきたのだ。

横浜にある番所の一つで、歩哨を援護しに行こうとしている日本兵を描いたスケッチを一枚送る。ご覧のようにかれらは歩調をそろえ、ゆったりした服は捨て去っており、マスケット銃と両刀で武装している。右隅にいる見張り番は、橋を防衛している番所に所属している。薩摩の領地の向かい側には硫黄島〔桜島〕があり、それはファン・ディーメン海峡〔大隅海峡〕を通過する船舶にとって、はっきりとした陸標になっている。活火山であり、大量の硫黄を吹き出している。艦隊は今この近くにいるか、あるいはいるはずである」。

別のコラム〔次ページ〕にある、日本からの最近のニュースに見るように、キューパー提督は、鹿児島を包囲して破壊し、薩摩公の三隻の蒸気船を焼き払ったのち、横浜に帰着した。

横浜の番所の歩哨兵

鹿児島攻撃

ＩＬＮ　第一一三〇号　一八六三年十一月七日

金曜日の「ガゼット」紙の十三ページ分は、日本との難局に関する通信を満載している。一八六二年十二月付のラッセル卿の第一信は、駐日イギリス代理公使ニール中佐に対し、リチャードソン氏殺害に対する賠償を要求するよう訓示している。ニール中佐からの急便には、かれが日本当局と行った会見の記録が含まれている。その結果は満足のいくものではなく、キューパー提督は、鹿児島の砲撃を開始するよう訓令を受けた。これらの急便の残りの部分は、この鹿児島攻撃に関する内容であり、それは薩摩公の首府を灰燼に帰したことで、終結している。

艦隊は、キューパー提督の旗艦ユーリアラス号（三五門）、パール号（二一門）、アーガス号（六門）、ペルセウス号（一七門）、コケット号（四門）、ハヴォック号（二門）から編成され、八月六日に横浜を出港、十一日火曜日の午後、鹿児島湾に入った。この湾は高い山に囲まれ、絵にかいたような美しい景色の素晴らしい港を形成していると描かれている。艦隊は鹿児島からいくらか離れたところに錨を下ろした。この町はかなり広く、十八万の住民、大規模な工場や倉庫を持っていると言われる。十二日、艦隊は町を向こうにした場所に移動し、水深二十ファゾム〔約36ｍ〕、砲台からおよそ千二百ヤードの地点に投錨した。砲台は町の前面の全体、最南端から最北端まで、およそ二マイルにわたって伸びている。作戦行動は、台風の最中で、勇猛果敢な戦闘が行われた。ニール中佐とキューパー提督は、非常に小さい戦力の艦隊ではあるが、なんとしても手に入れるべき報復目的をやり遂げるまで、後にひかなかった、という意見を表明している。

日本にいる本紙の特派画家通信員は、鹿児島に対する攻撃と、その港を描いたスケッチを送ってきたが、両方とも今週号の挿絵として掲載する。このスケッチとともに、戦闘について詳しく書いた、つぎのような記事を送ってきた。

「七隻の軍艦からなる艦隊は八月十一日鹿児島湾に投錨した。翌日、日本の役人が四十人の家臣を従え、一通の長文の書簡を携えて海上のユーリアラス号上にやってきた。だがその書簡が送達される前に、大きな白旗を掲げた小舟が岸から全速力でやって来るのが見えた。白旗の責任者である役人が、その書簡は変更する必要があると言って、それを読み上げることを拒絶した。翌日、別のさらに長文の書簡が届けられてきた。それにはリチャードソン氏殺害のことに触れ、殺人は疑う余地の無い悪いことで、殺害犯人たちは裁判にかけられるべきであること、またイギリスが大君との間で条約を結んだと聞いているが、責めは大君が負うべきものであり、日本の法律では大名行列の際には何人といえども通路を横切ることは許されず、切り捨て御免になることを通告しなかったからであると述べ、さらに同様のことが書き連ねてあった。賠償のことについては一言も触れられておらず、キューパー提督はかれらに対し、賠償金が支払われるまで薩摩の三隻の蒸気船を捕縛し、拘束するつもりであると通告した。それに従って三隻の蒸気船は捕縛されることになった。ところでこの三隻の蒸気船は、薩摩公にとって賠償金の三倍以上の価格なのだ」。

「八月十五日正午、日本の要塞はわが艦隊に対して戦火を開いた。キングストン艦長率いるペルセウス号は、八番砲台との間で三時間近く、そして他の艦船が到着するまでの相当な時間を単独で交戦した。日本人は迫撃砲や一〇インチ砲を使って強烈な

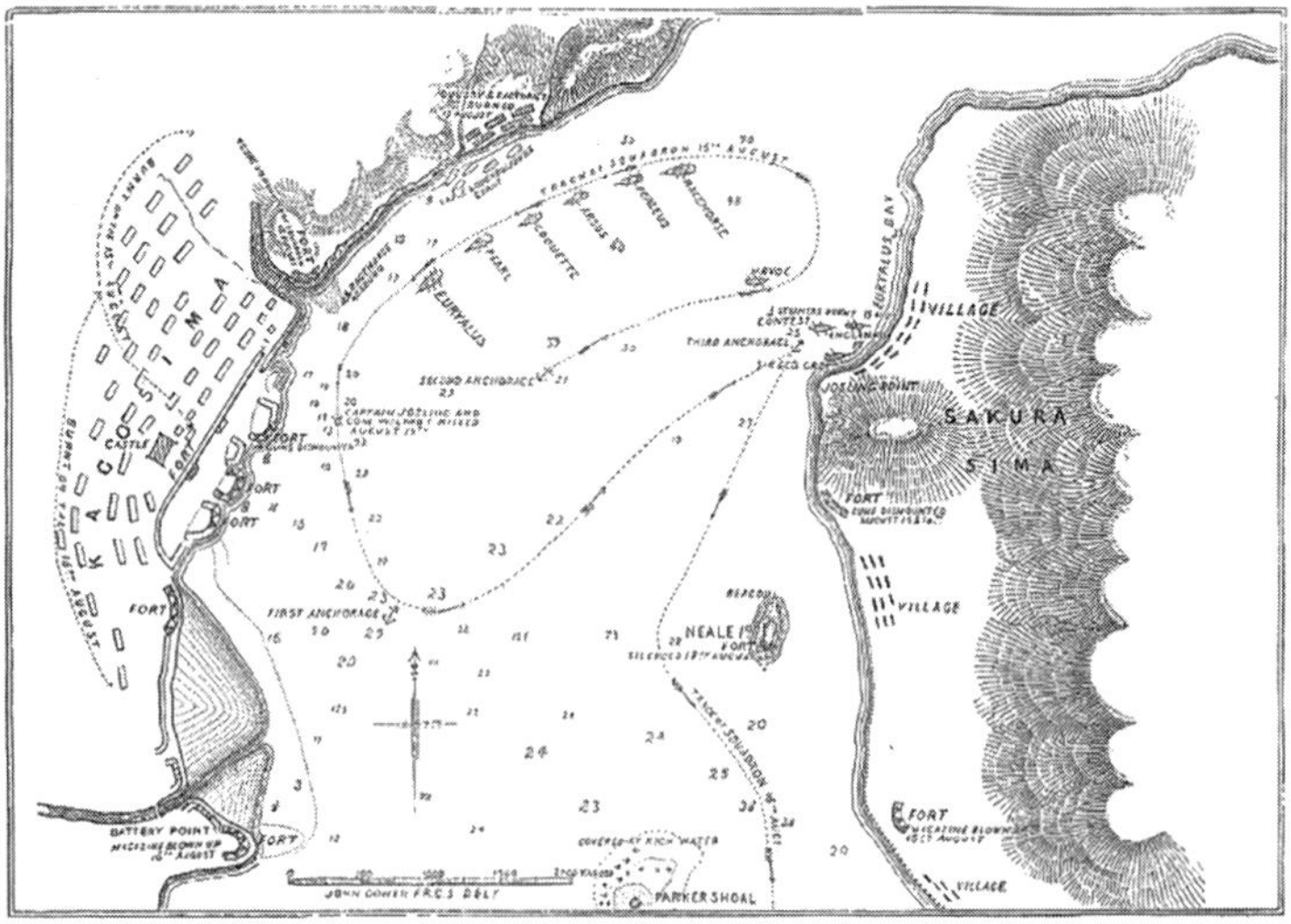

THE HARBOUR OF KAGOSIMA, JAPAN.—SEE PAGE 481.

日本の鹿児島の港

砲火を続け、それはかなりの熟練ぶりであった。ユーリアラス号は大損害を被った。ジョスリング大佐とウィルモット司令官は、一つの球形弾丸によって同時に戦死し、さらに艦船の前部で砲弾が炸裂して七名が戦死、その倍以上が銃弾で負傷した。三〇分間にわたって激しい戦闘が続き、敵の銃砲の大部分は取り外され、町は砲撃を受けてその日のうちに半分が焼け落ちた。戦闘が始まると同時に、薩摩公の蒸気船には火がかけられ、破壊された。琉球のジャンク船五隻と、港内にいた現地の船舶はすべて焼き払われた。この間ずっと台風が吹き荒れ、土砂降りの雨だった。敵の砲撃が頭上に鉄の雨を降

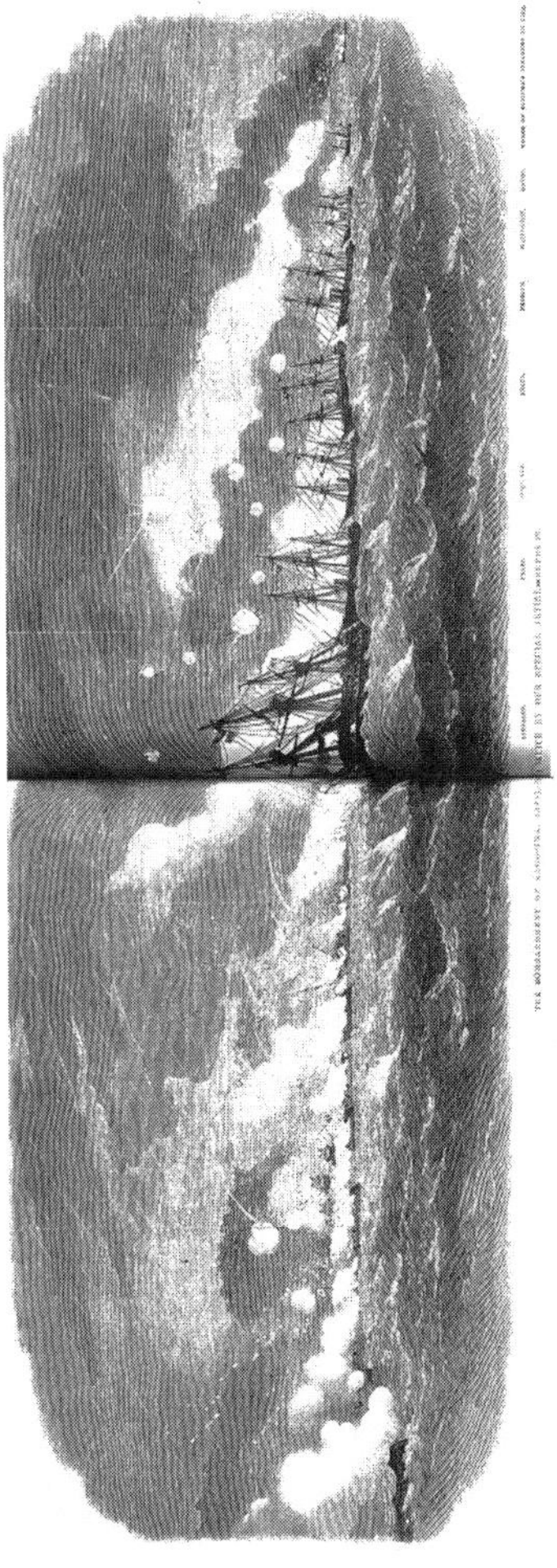

鹿児島の砲撃
ユーリアラス号、パール号、コケット号、アーガス号、ペルセウス号、レイスホース号、ハヴォック号、炎上する薩摩の蒸気艦３隻

らせた。砲弾が炸裂して炎上し、風に煽られて通りから通りへと飛び火し、後は灰燼と帰した。夜になって艦隊は錨を下ろし、砲台からの砲撃も終わった。ペルセウス号は時折ロケット弾を放ち、砲撃を続けた」。

「翌日も戦闘が続き、砲台はわずかな銃砲以外は沈黙した。町の残りの部分も焼失し、薩摩の城は銃弾と大砲の攻撃を受けた。艦隊は鹿児島を離れたが、後に残ったものは、廃墟と炎、薩摩の船は蒸気船もジャンク船もすべて破壊された。工場や鋳造所も焼かれ、城は穴だらけとなり、弾薬庫は爆破され、銃砲は取り外された」。

「わが艦隊はかなりの打撃を被り、索具装置が切断され、小型ボートの大部分が撃破された。ユーリアラス号が最も大きな被害を受けた。小型の砲艦ハヴォック号は素晴らしい活躍をし、少しも損害を受けず、水棲ネズミのように攻撃を切り抜けて、敵を触らせなかった。わが艦隊の損害は、死傷者およそ六〇名である。公使館員は誰も負傷することなく、全員が無事横浜に戻り、艦隊は現在、破損個所を修理中である」。

薩摩による賠償金支払い

ＩＬＮ　第一二四六号　一八六四年二月二〇日

横浜、一八六三年十二月十七日。

薩摩はリチャードソン氏殺害に関して、要求されていた総額十万ドルの賠償金を支払った。薩摩の使者たちがニール中佐を捜し求め、度重なる会見の後にようやく賠償金を支払うことに同意した。しかし東洋の諸国すべてにおいては、お決まりの緩慢なやり方があり、支払いの約束と約束の実行との間にたいへんな時間がかかっており、その望みはまったくあきらめられていた。ところが先週の末、その金が荷車で到着し、イギリス公使館の中庭に運ばれてきて、そこに保管された。薩摩の使者たちはこれに対して異議を差しはさみ、受領書を要求した上に、その金は保管してもらうだけのものだと言明した。こうした常識に反した要求がイギリスの断固とした態度と決断にあうと、使者たちは即座に屈服した。こうしたやり方は東洋人全般、とりわけ日本人について言えるのである。金が勘定され、そして会見が行われた。使者たちはイギリスの軍艦を買うことができるかどうかを知りたがっていた。それに対してニール中佐は、要望があればイギリス軍艦一隻を建造するよう注文もできるだろうし、イギリス兵一隊の派遣を要請することもできるだろう、と答えた。鹿児島での戦闘に関するかれらの意見は非常に興味深いものであった。かれらが言うには、特に二番目の黒船（ボーレイズ艦長率いるパール号）が素晴らしいとし、かれらに最も損害を与えたそうだ。この艦は、アームストロング砲を備えていない唯一の軍艦であった。そしてアームストロング砲の話になると、この有名な大砲の砲弾は町に対してはほとんど損害を与えなかったが、何マイルもの田舎のほうにまで到達して木々を傷つけ、また奥のほうのはるか離れた寺にいた数名の人を殺した、と言っていた。しかしかれらの話題は絶え間なくパール号についてであった。この艦による町への打撃は相当なものであった。三マイルに及ぶ家並みは一挙に炎上した。山の高いところの木はすべて焼け、ジャンク船や蒸気船の船体やマストはあたりが暗くなるなかで光輝く黄金のようになり、暴風が雷のように鳴り響いた ― これが一八六三年八月十五日の鹿児島の情景である。そして今、鹿児島でわれわれに立ち向かい、砲火を浴びせてわが艦隊と交戦した同じこれらの人々が、要求された賠償金、そして提督、旗艦艦長、ニール中佐および領事館員たちに対する贈り物を持参してここに来ているのである。とりわけ面白いのは、かれらを殺した勇敢な水兵たちに対する贈り物としてもってきた大量の箱詰めのオレンジだ。使者たちは非常に話好きで、戦闘についての詳しい事情をたくさん喋った。日本人の死傷者は、だれに聞いてもおよそ千五百人であった。薩摩の役人たちはユーリアラス号の艦上に乗ってみたいと言い出し、提督は親切にもかれらを迎えるためにボートを送ったが、大君の政府はそれを許さなかった。このことは、大君政府がその弱体化を弁解していた後だけに、むしろ奇妙に思われる。かれらはリチャードソンの殺害犯たちを処罰できないにもかかわらず、役人たちが提督を訪問するのを阻止するには十分な権力を持っていたのである。

ニール中佐はこうした重要な問題を戦争に訴えずに解決したのであり、イギリス政府はこうした人物を誇りに思うべきである。有能な外交官であるだけでなく、東洋人の心、つまりコンスタンティノープルから江戸までの共通する気質にすっかり精通していることを自ら証明した。かれがトルコで得た経験は、現在保持している重要な地位をふさわしいものにした。しかもこの日本での事態の先頭に置かれるべき、より優秀な人物は他に誰もいなかっただろう。これら東洋人たちは物事を極端に引き延ばそうとするのであり、時間の観念もなければ、その価値についての観念も持たないのである。ニール中佐の立場は非常に困難なものであった。一方では居留地の社会から事態を危機に陥らせるように急き立てられた。日本だけでなく中国においても彼が日本人に対して時間を与え、ひっきりなしに遅延させたことを新聞から非難された。他方、本国政府は彼に対し、できれば事態を平和的に解決するよう望んだ。彼がいかにこの課題を手際よくやり遂げたかを、私が繰り返す必要はあるまい。老練な操舵手のように、面前に開けた二つの航路の間を操縦したのである。

ニール中佐は商人たち全員を日本から退去するよう命令することもできただろう。しかし、その結果いかなる困難、いかなる時間と金の損失が生じたことだろう！　彼はそうはしなかった。その結果、貿易は終始続いていたし、金もつぎ込まれた。港は現時点ではかつてなく現地民の船舶で賑わっているし、商人たちは成功している。横浜は重要な場所になりつつあり、建物はキノコのように急に出現し、家賃はとてつもなく高い。薩摩が賠償金を支払った後、大君政府はニール中佐に書簡をよこし、事態が解決されたことをまことにうれしく思い、両国間の友好的関係が続き、今後中断することがないよう希望する旨言ってきた。われわれもそう望みたいものである。しかし、何が起きるか、言うことはできない。賠償金問題は解決した。しかしその他の紛糾事態が起こるかもしれない。

クリスマスにふさわしい天候を楽しんでいる。朝起きて凍った地面を散歩するのは楽しいし、白く覆った霜は輝く太陽のなかでダイヤモンドダストのように輝く。空には雲一つなく、遠くには雪をかぶったフジヤマが雄大にぼんやりと見えている。寒暖計は華氏二七度を示している。

C・ワーグマン

四国連合艦隊下関砲撃

ＩＬＮ　第一二八八号　一八六四年十一月十九日

今週号では、Ｃ・ワーグマン氏による二枚のスケッチを掲載する。ワーグマン氏は、九月五日および六日、下関海峡にある長門の大名の砲台を攻撃[31]した連合艦隊の戦艦に乗船していた。この場所の位置は、日本の瀬戸内海、すなわち周防灘の西の入り口にあり、前号で十分に説明した。下関の町も港も含めその北岸が属する長門の国は、長州という名前の大名によって支配され、長州侯は大君の有力な家臣団の一人である。中世のドイツやフランスの封建領主と同様、皇帝権力には名目上は従属しているが、自分自身の政策を持ち、自分の意のままに采配できるある程度の戦力を保持する傾向がある。こうした大名は、半独立的な地方の管轄権のなかでではあるが、江戸の将軍政府がヨーロッパの商業が日本沿海に自由に接近できることを約束した諸条約の施行に対して、一度ならず反抗を試みてきている。思い起こせば、薩摩の領主は、こうした事情の成り行きから、十二か月前の鹿児島での砲撃によって、わがイギリス国民数十名を負傷させたことに対して、賠償金を支払わなければならなかったのである。外国船舶に対して下関航路を閉鎖するよう主張してきた長門の領主は、一八六三年八月にイギリス艦隊から受けた警告を自ら無視した。その結果、イギリス全権公使ラザフォード・オールコック卿

下関海峡における９月５日の作戦行動（上）
砲台からのコルヴェット艦隊に対する砲撃開始（下）

により、江戸の宮廷に送られたフランス、オランダ、アメリカの外交団と協力し、敵対行動をとる砲台を武装解除し、この海峡への立ち入りを強行する目的で、連合艦隊を派遣することを決定した。これに参加する各国の戦艦の詳細は次のとおりである。

イギリスはユーリアラス号、ターター号、コンカラー号、バロッサ号、ペルセウス号、アーガス号、コケット号、そしてバウンサー号、司令官は海軍少将A・キューパー卿である。フランスはセミラミス号、デュプレ号、そしてタンクレード号、司令官はジョレス海軍中将。オランダはメタレン・クルス号、ジャンビ号、メデューサ号、そしてアムステルダム号。アメリカ公使〔ブリュイン〕は指揮下に軍艦を持っていないため、大江《タキャン》号を傭い入れ、他の列強と共同行動をとっていることを示すために、艦上に合衆国旗を掲げた。八月二八日と二三日〔ママ〕、十六隻の連合艦隊は、総計二五〇門の大砲を装備し、英国工兵隊の分遣隊および上陸部隊として、五〇〇名の海兵隊を乗せて横浜を出航し、九月四日下関の前面に到着した。翌日の午後、攻撃が開始された。〔以下略〕

下関の日本砲台の占拠

ＩＬＮ　第一二九一号　一八六四年十二月十日

最近の下関海峡において、開戦した連合艦隊に随行しているＣ・ワーグマン氏から、九月五日と六日の戦闘を描いたさらなる絵が送られてきた。そのうちの二枚は本紙の三週間前の号に掲載されている。今週号の図は、海兵隊の上陸部隊が防御柵を攻撃するために前進している光景を示しており、その状況については前回の記録で説明した。この攻撃は第二日目の夕方六時に行われた。日本側は木立の間に木で作った防御柵の背後に二台か三台の大砲を配備しており、山の上のほうまで木に覆われたところには、彼らの兵営の小屋や主要な弾薬庫が立っている。彼らはこの防御位置から、下部にいるイギリス兵やフランス兵に向けてうるさく銃火を浴びせ続けた。英仏兵は、午後の間、海岸に密接した他の砲台の銃砲を解除することに専念していた。ユーリアラス号のアレクサンダー艦長は、同艦とコンカラー号からの兵士数百名を率い、ついに遮蔽された砲台を攻撃するまでに前進した。砲火に晒されながら水田を急いで渡り、さらに木の茂った急峻な谷間を上り、防御柵の前面にまで迫った。この困難な戦闘のなかで数名の兵士が戦死し、アレクサンダー艦長自身も足に重傷を負い、それ以降イギリス海軍のサザー中尉が指揮を執ることになった。日本人たちは英軍が接近してくるのを待たずして、木立の背後からマスケット銃でいくらか発砲はしたものの、小屋に火をつけ、森の中に逃走した。追跡を免れた彼らは、わが海兵隊が陸上でも戦えることに非常に驚いていたそうだ。

海軍兵団と海兵隊員による下関の防護柵の襲撃

下関における最近の軍事行動

ＩＬＮ　第一二九三、九四号　一八六四年十二月二四日

前便でワーグマン氏によるスケッチと、横浜のベアト氏による写真がたくさん送られてきた。それらは九月五日と六日、英仏蘭連合艦隊と長門の領主の砲台と陸上部隊との間で行われた戦闘を目撃した情景を、さらに説明している。すでに二回にわたり下関海峡における活発な状況について本紙画家の数枚のスケッチを掲載しており、本号ではその二枚を追加するだけで十分だろう。その一枚〔図は省略〕の主題は、海岸に密接した下部砲台を無抵抗のうちに占拠したことである。これは九月五日夕方七時ごろ、英艦ペルセウス号のキングストン艦長、オランダ戦艦メデューサ号のホルト中尉らおよそ二〇名の隊によるものである。砲台はすでに日本人たちによって放棄され、強襲した部隊は大砲を抑え、妨害を受けることなく艦に戻っている。第一面にあるもう一つの絵〔次ページ〕は、翌日セミラミス号のフランス兵が占拠した砲台の内部を示している。日本の大砲が極度に強調されており、これらは江戸で鋳造され、運搬台車も同様に日本製である。背景にイギリスの士官数名が見下ろしている姿が見える。ユーリアラス号のアレクサンダー艦長は、旗を持っている男の隣に立っている。この光景は、アレクサンダー艦

INSIDE THE LOWER BATTERY AT SIMONOSAKI AFTER THE CONFLICT.—FROM A SKETCH BY OUR SPECIAL ARTIST.—SEE NEXT PAGE.

戦闘後の下関低地砲台の内部

長とサザー中尉が率いる海兵たちが、五日の夕方に加わった戦闘の数時間前のものだ。その戦闘の時かれらは、前図に示した通り、この場所のちょうど上にある木が茂った谷間の遮蔽砲台や防御柵を猛攻したのである。

鎌倉英国士官殺害事件

ＩＬＮ　第一三〇〇号　一八六五年二月四日

横浜にいる本紙画家通信員ワーグマン氏から、十一月三十日付の手紙を受け取った。それにはボールドウィン少佐とバード中尉が殺害(32)された知らせに、居留ヨーロッパ人たちが深い悲しみと大きな驚きにあることについて、悲憤に満ちた記事が記してある。彼はこの事件について次のように述べている。

◇　◇　◇

先週の金曜日、われわれ六人の一行は、スケッチと写真撮影をするために五日間の旅行に出かけた。月曜日、江の島でボールドウィン少佐とバード中尉に出会った。かれらはフジヤマの眺めが素晴らしいと言っていた。われわれは東海道の藤沢で宿泊する予定だったので、一緒に行かないかと尋ねてみた。しかし残念ながら、かれらは鎌倉の大きな青銅の像「大仏」をまだ見たことがないので、誘いを断り、別れてから夕方までには横浜に帰るつもりであった。われわれは旅を続け、無事藤沢に着いた。到着して間もなく、ベアト氏の召使が、江の島で出会った二人の士官が殺されたことを知らせに来た。まったく信じられず、それは日本人がわれわれを追い出すための口実ではないかと思った。拳銃のほかに持っていた二丁の鳥打ち銃に実弾を装填し、武器を脇に置いて全員同じ部屋に寝た。翌朝目を覚ますと、日本人役人が入ってきて、横浜の奉行から遣わされて、無事かどうか見に来たが、昨夜二人のイギリス士官が鎌倉で襲われ、一人が死亡、若いほうは負傷したと話した。朝食をとり、前からそのつもりでいたとおり、東海道を通って横浜への帰路についた。一つだけ行列に出会ったが、静かに通過していった。横浜には真昼に着いたが、二人の士官が人殺しにあい、両名とも死亡したことが事実であることを知った。不幸なバード中尉は、傷を負った後に何時間もたってから死亡していた。何者によって殺されたか、知るところではない。しかし襲撃のあったその夕方、副奉行が現場に行っていたのであり、誰が負傷者の首を切り、致命的な一撃を加えたのかを発見できたはずである。私が言えることは、私自身がその前日の夕刻、そこで仲間一人とともにスケッチをしていたことである。十分に安全だと思っていたので、拳銃を宿屋に置いたまま、その後すぐに流血の場になった狭い通りを海岸まで歩いていたのだ。その時見た海岸は、極めて陰鬱な場所であった。砂山が風で吹きまくられ、気味の悪い枯れた松の木が二、三本立っていたが、枝が嵐で折られていた。ざわめく海、そしてはるか遠く常に煙を吐いている火山の島フリース島〔伊豆大島〕、すべてが黄色の日没に映し出され、すぐに夜が迫ってきた。われわれはその場に座ってスケッチを続け、暗くなるまで立ち去ることはなかった。

検死官による死因審問報告によると、十一月二一日朝、これら不幸な紳士たち、ともに英国女王陛下第二十連隊第二大隊に所属する、ジョージ・ウォルター・ボールドウィン少佐とロバート・ニコラス・バード中尉の両氏は、鎌倉と大仏までの遠足をしに馬で横浜を出発した。およそ十時半過ぎに江の島に着き、大仏に行くつもりで、そこを十二時ごろ立った。その同じ夜、地域のその筋から横浜の奉行のところに、鎌倉近辺で二人の外国人が殺されたという情報が入った。一人は死亡し、もう一人はまだ生きているとのことだった。この情報は、二二日の午前二時頃に外国領事たちにもたらされ、スイス領事リンダウ博士(33)、プロイセン領事フォン・ブラント氏(34)、その他の外国人居留者が教えられた場所に向けて出立した。ウッズ中尉は騎馬隊の一分隊を率い、イギリス公使館の通訳フレッチャー氏が大至急現地に出向くよう命令された。夜が明けて間もなく、かれらは「八幡」という宮から来る通りが三つに分かれる地点に到着した。分岐する小道の一つは右手に大仏に通じ、二番目はまっすぐ海に向かい、三番目は左手に田舎の方面である。この地点の近くに、貧弱な茶店と馬小屋との間に、竹竿で支えた菰をつるした小さな小屋がけが二つある。地面に敷かれた蓆の上に、無惨に切られた二人の紳士の死体が野晒しになっているのが発見された。一丁の拳銃が持ち主の傍にあったが、銃身から直前に発射されたものと思われる。もう一人の拳銃は腰のベルトからまだ引き抜かれていなかった。フレッチャー氏が出した質問からは、何の情報も聞き出すことはできなかった。そこに二つの死骸があり、死亡したうちの一人、若いほうが自分の名前はバードと名乗ったこと、そして数時間はまだ命があったこと以外、誰も何も知らなかった。

二人の英国人の遺体は、海路で横浜に移送され、そこで検死が行われ、次のような検死評決が答申された。「持ち込まれた証拠によって、審査官は、この残虐な犯行は疑いなく、見知らぬ日本人剣客によるものとした。さらに、この襲撃は十中八九、同時に両側から、そして少なくとも五、六人の悪漢、あるいはそれ以上の一団によるものに違いないと判断する。審査官はまた、法廷で読み上げられた日本側の証拠文書はまったく価値のないものであり、この悲劇の全容を語る十分な証拠が日本の当局の手中にあるか、あるいは入手できるに違いない、との意見を持っている」。

葬儀には横浜に外交代表を置いている列強のすべての公使および領事、フランスのフリゲート艦セミラミス号の乗組員百五十名、加えて、イギリス第二十連隊の弔銃発射部隊二四〇人が参列した。この残虐な殺人が巻き起こした憤激については、長々と話す必要はなかろう。イギリス公使ラザフォード・オールコック卿は、殺害犯の処罰を確実に行わせるため、あらゆる手段を尽くとの堅い決意を述べた。

JAPANESE SOLDIERS IN YOKOHAMA.

横浜の日本兵たち

A REFRESHMENT-STALL IN YOKOHAMA.

横浜の露天茶屋

鎌倉の寺院に通ずる街路

ＩＬＮ　第一三〇一号　一八六五年二月十一日

先週号で横浜の本紙特派画家通信員からの書簡を引用し、第二十連隊のＧ・Ｗ・ボールドウィン少佐及びＲ・Ｎ・バード中尉が殺害された翌日の十一月二二日、かれが江戸から約二〇ないし三〇マイル離れた鎌倉の寺院を訪問した時の記事を載せた。両士官はこの近辺の公道上で何者かに襲撃され、殺害された。今週号ではワーグマン氏がその時に描いたスケッチからの挿絵を掲載する。

「八幡」と呼ばれる大寺院から小寺院へ通ずる通りの光景であり、小寺院には大仏という名の青銅の銅像、もしくは偶像があり、極めて宗教心あつく保存され、崇敬されてい

英国士官２名の殺害現場に近い鎌倉の八幡宮に通ずる並木道

る。その前日、不幸な二人のイギリス人が日帰りのつもりで横浜から馬に乗ってきたのは、この有名な仏教の礼拝物を一目見ようと、その好奇心を満たすためだったのである。彼らはこの挿絵に見える場所のすぐ近くの路上で、大名、すなわち封建大領主のひとりの家来である公認の暴漢の何者かに出会い、ほとんど何の挑発もしなかったのに、おそらくかれらが普通の敬意を払わなかったということだけで、暴漢たちに襲われ、殺害されたものと推定される。

英国士官殺害犯二名の処刑　ＩＬＮ　第一三〇三号　一八六五年二月二五日

横浜の本紙特派画家通信員は、ボールドウィン少佐とバード中尉殺害の共犯者と思われる、二人の日本人の処刑の場面を描いたスケッチを送ってきた。十二月十七日付の彼の書簡は、この事件について次のように描写している。

「昨日一時、領事のヴァイズ氏が数名の公使館員を連れて私のところにやってきた。そして私に、ボールドウィン少佐とバード中尉の殺害にかかわった二人の日本人の処刑を見に行くために、紙と鉛筆をポケットに入れ、馬でついてくるように言った。馬に乗って三〇分後に処刑場に着いた。その外側には横浜の士官や商人たちの約一〇〇頭もの馬がおり、かれらはすでに囲いのなかに集まっていた。馬を下り、大きな木の門を通り抜けて歩いて行った。よくある矢来に囲われた中庭に通されたが、そこには大勢の見物人が待っており、煙草を吸ったり、お喋りしたりしている。中庭には二つの長方形の穴があり、その近くには犠牲者がひざまずくための藁の蓆が敷いてあり、穴はかれらの首を受け取るためのものである。穴の右側には、バケツの水と柄杓が置いてある。数名の役人たちが歩き回ったり、イギリス公使館の士官たちと話をしたりしている。一時間以上待った後、裁判官が囚人たちにたいして判決文を読み上げるのが聞こえた。

英国士官殺害犯人のうち２名の処刑

囚人たちはこの説教が終わると恐ろしい叫び声をあげたが、同時にすり足の音が聞こえた。ヨーロッパ人たちは囚人たちが脱走したのではないかと思い、一瞬たいへんなパニックになった。しかし日本人の通訳がわれわれに対しその理由を説明し、ふたたびまったく静かになった。最初の囚人は目隠しをされ、腕は縄できつく縛られている。かれは四人の男によって連れてこられ、首が穴の上にくるようにして蓆の上に跪く。四人の男がかれを押さえつけているが、筋肉ひとつ動かさず、できるだけ平静を保っているように見える。死刑執行人は自分の仕事を楽しんでいる様子で、手渡された竹鞘の刀を持っている。手を水につけ、白い木綿布を刀の柄のまわりに巻く。それから鞘を抜き、位置につく。押さえつけている四人の男が、囚人の肩を露わにする。私はこうした準備作業に気分が悪くなり、執行人が何回か刀を打ち下ろすふりをする間、顔をそむけたことを告白する。鈍いドスンとする音を聞き、あたりを見回すと、男が跪いていたところには、首のない血まみれの胴体が横たわっていた。執行人は、まるで人参を切るように楽々と、見事な一撃で首を刎ねたのである。男の首は穴のなかに落ち、水がかけられた。そして次の犠牲者が担ぎ込まれてきた。彼は数か所の刀傷を負っており、一か所は足の傷で、歩けなかったのである。彼は先の男ほど落ち着きがなく、執行人に何度も「まだか？」と言って時間がこないかを聞いていた。彼の首も同じように一撃で刎ねられた。二つの首は水で洗われ、藁の袋に入れられた。

私がそこを去ることでほっとしたことが、お分かりいただけるだろう。スケッチをする時に私は、見物人たちにあまりショックを与えていない瞬間を選んだ。これらの二人は殺害犯人の友人であったらしく、異人を何人か殺そうと思っていたことを率直に認めていた。彼らは他の二人と一緒に自分の郷里を出てきていた。殺害の後、箱根の山中に追跡され、そこで捕まった。年上のほうは捕吏と争い、それによって受けた刀傷を説明している。彼らは実際の殺害犯がどこで発見されうるか、その糸口を与えたと言われている。そして、他の二人もまた、間違いなく法に裁かれるであろう。これは、日本が開国をして以来、日本人が外国人に対して行った悪事の結果処刑された、初めてのことである。何はともあれ、これは大君政府が外国人たちと友好な関係を続けたいと願っている証拠である」。

横浜での暗殺犯の処刑

ＩＬＮ　第一三〇六号　一八六五年三月十八日

横浜の本紙特派画家は、二枚のスケッチを送ってきたが、それは三、四か月前に起きた二人の英国士官、ボールドウィン少佐とバード中尉の暗殺に関わった犯人の一人、清水清次の場合の処刑方法を示すものだ。処刑の前日の十二月二七日、罪人は荷馬に乗せられ、町中をねり歩いた。彼に対する宣告文が、前を行く人が持つ大きな旗と高札板に書かれている。十二名の日本人警護兵の一隊が銃剣を携えて前を行く。その後に、馬に乗った二人の士官が続き、やはり馬に乗ったヨーロッパ人の一群が繰り出す。街路は日本人やヨーロッパ人でごった返している。殺害犯の男は筋骨たくましく、立派な顔つきで断固たる表情をし、その間ずっと歌を歌い続け、無頓着な様子で自分の周囲を見回していた。通りのはずれにくると煙草を一服吸い、何かを食べた。それから処刑場に連れていかれたが、篝火と松明が場面を照らし出していた。しかし処刑は、守備隊が参加するには遅すぎ

罪人を横浜市中にひきまわす日本人の行列

るとして翌日に延期され、男は監獄に連れ戻された。

翌朝の九時、全守備隊、すなわちペンロウズ大佐の指揮するイギリス海兵隊と第二十連隊の軽騎兵、ウッド中尉の指揮する砲兵中隊が処刑場まで行進し、そこをとり囲んだ。日本の駐屯部隊が路上に整列した。しばらく待つと、囚人は昨日と同様に護送され、ノリモン、すなわち駕籠で運ばれてきて姿をあらわした。酒をいくらか飲み、食べてから、莫蓙まで歩いていき、自分の前の穴に首が落ちるように、跪いた。彼は目隠しをしないよう願いを出し、許された。また遺体を埋葬できるよう、自分が指定する場所に送ってほしい、墓には碑を置いてほしいと願った。執行人に話しかけた後、長い吟唱を歌うというか、唸ったが、誰もその意味はわからなかったようだ。そして刀を打ち下ろす用意ができた執行人のほうに身をさし向けた。「少し待ってほしい」と言って、自分の首を穴の上に差し出した。そして「今だ」といった。刀が振り落とされたが、首の一部しか切れず、執行人は首が離れるまで三回切らなければならなかった。この時銃砲が発射され、首は取り上げられて藁の袋に入れられ、町の入り口に晒されることになった。

大君との謁見

ＩＬＮ　第一四四〇号　一八六七年八月十日

新しい大君、一橋〔慶喜〕の肖像と、駐日英国全権公使ハリー・パークス卿が五月一日この皇帝殿下を訪問[35]した様子を描いた挿絵を掲載するにあたり、この支配者の地位について若干説明しておいてもよいだろう。日本の国家構造に関してわれわれが提供できる最良の定義は、デイ・&・サン社から出版されたばかりの、イギリス海兵隊Ｊ・Ｍ・Ｗ・シルヴァー大尉の著作 "Sketches of Japanese Manners and Customs"「日本の風俗習慣のスケッチ」に見られるとても楽しく教訓的な記述である。この本は、日本人画家が描いたおよそ三〇点の素晴らしい多色石版刷りの絵を含む、たいへんに美しいものであるが、次の様に述べている。「日本の政府は、大名と呼ばれる封建領主の寡頭政治で構成されている。大名はそれぞれの領国では絶対的な権力をふるっているが、大君と呼ばれる大名のなかの一人（三つの偉大な家族〔御三家〕から選ばれる）の全般的な支配に従属している。大君は、ご老中すなわち大評議会の補佐を得て、ミカドすなわちこの国の最高位の当主である宗教的皇帝の名において国事を統轄する」。

現在の大君、より正確な呼称としての「将軍」は、水戸侯の養子であるが、世襲的な地位継承がそこに限定されている御三家の一つの正当な子孫である。一橋は立派な風貌

日本の新しい大君　一橋慶喜

かつ有能な人物で、年齢は三二歳である。本紙は英国軍艦サーペント号の主任技師フレデリック・ウィリアム・サットン氏の厚意により、イギリス公使が最近大坂を訪問した際に撮影を許可された時の、二枚の大君の写真を入手した。挿絵により掲載したその一枚は、宮廷用の正装をした皇帝殿下を示している。白い絹の上衣には白繻子の袖がついており、薄紫の絹糸でかれの紋章が刺繍されている。頭には紙製の立派な帽子が珍妙な風にのせており、格子縞模様に金で飾られた王座または椅子に腰かけている。もう一枚の肖像は、大君が公式謁見の翌日、大坂城の中庭でわが第九連隊の一中隊を閲兵するためにハリー・パークス卿とともに姿をあらわした時のものである。この時大君は、袴がごわごわした金糸の布地であった以外は、高位の日本人の普段着の姿であった。

　本紙の画家、横浜のC・ワーグマン氏は、長年にわたり日本の光景を巧みにスケッチしていることで読者にもお馴染みだが、幸運にもイギリス公使とともに大坂に行くことができ、その時の事の成り行きを描いた絵を数枚送ってきた。その挿絵を本号に掲載する。そのうちの一枚は、イギリス公使一行が大坂市内での仮住居として住んだ寺院の外部の眺めである。建物の前には、半ばヨーロッパ式の異様な服装をした大君の護衛兵数人のグループが立っている。もう一枚のスケッチは、サー・ハリー・パークス閣下が、ロコック氏、ミトフォード氏、サトウ氏、そしてアプリン大尉とともに、大君との会見に向かう、城の控えの間を通って案内されているところを示している。三番目のスケッチ〔省略〕の主題は、公使一行についてきたイギリス歩兵護衛隊の訓練の模様の閲兵風景であり、上述のとおり第九連隊の分遣隊から組織されており、城の中庭で行われている。大君は、自分の宮廷の役人たち、そしてイギリス公使一行とともに、右手の縁側のところに座って軍隊の動きを眺めている。

大君の日常の住居は江戸の巨大な宮殿のなかにあり、付属の建築物とともに、町の中心部に広大

PART OF THE TYCOON'S BODY-GUARD OUTSIDE THE BRITISH MINISTER'S QUARTERS AT OSACA.—SEE NEXT PAGE.

大坂の英国公使宿舎の周辺に駐屯する大君の親衛隊

な場所を占めている。しかし時おり大坂を訪問する。そこには別の宮殿または城を持っており、同様に巨大な規模の大建築物であり、周囲は巨岩の塁壁で囲まれている。一橋は統治を開始してすぐに、外国公使たちに対して大坂を訪問するよう招待していた。しかしミカド〔孝明天皇〕の崩御によりしばらく遅れることになり、この目的のために横浜を出発できたのは、四月の後半になってからのことである。会見では、公使たちに対する大君の友好的な態度とその聡明さという、極めて良好な印象を残した。大君は現行条約の文意と精神を遂行し、西洋諸国との間の自由で友好的な交際によって示される、日本における新時代を開始させる決心であることを、各国公使たちに対して完全に保証するものであった。誰の話を聞いても、彼の統治能力に疑う余地はまったくない。

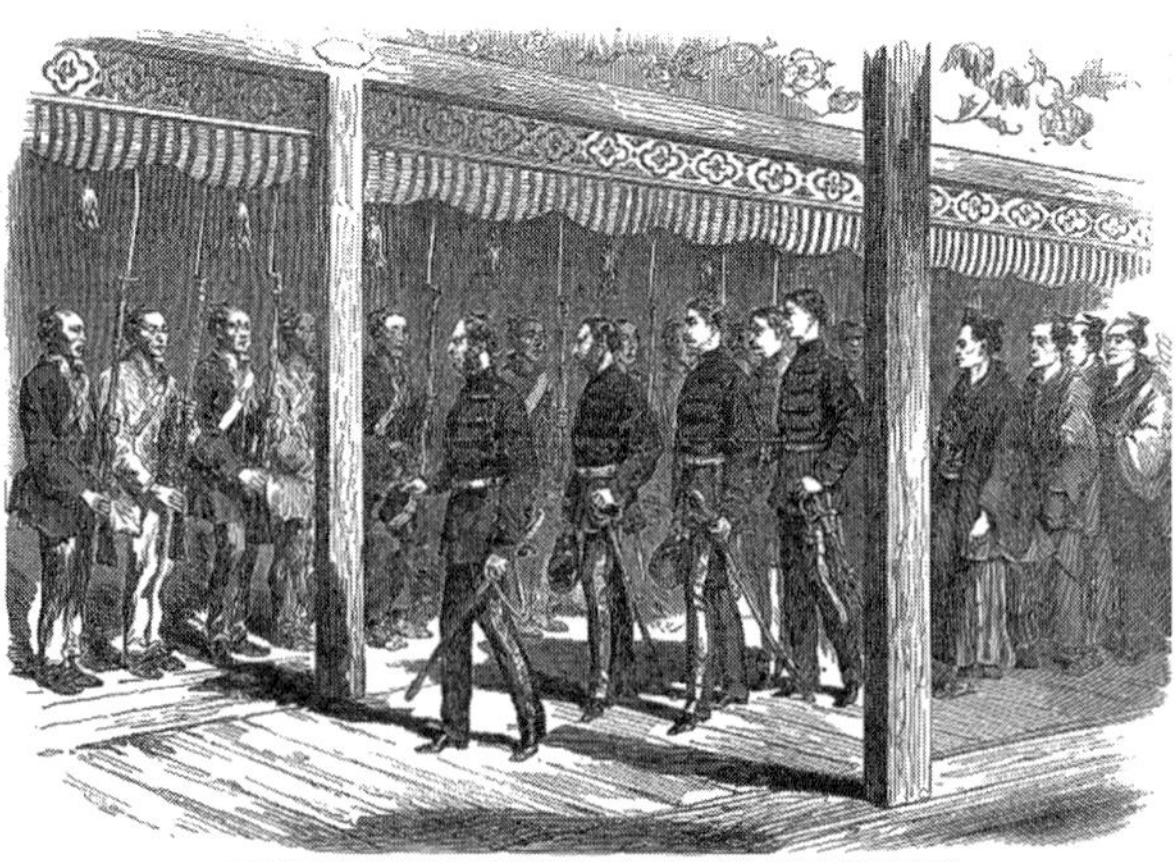

SIR HARRY PARKES AND SUITE, IN THE VESTIBULE OF THE PALACE AT OSACA, GOING TO VISIT THE TYCOON.

日本の大君を訪問する

幕末日本の情景

A JAPANESE LITTER.

日本の駕篭

横浜と神奈川

ＩＬＮ　第一二五〇号　一八六四年三月十九日

横浜　一月十七日。「一橋が死んだ」― 最近ミアコからこのようなニュースが聞かれる。彼は井伊掃部（摂政）の一族によって殺害されたという。この同じ一橋にそそのかされて井伊掃部が暗殺されたのは、およそ三年前の江戸での出来事である。横浜の本通りにあるほとんどの店が閉まっており、江戸での無法者たちからの恐怖にさらされているからだという。しかし、そうした無頼漢など誰も信じる者はなく、その恐怖はむしろ政府自身によって引き起こされていると言ってよい。日本の使節団(36)が来月、この港の閉鎖を主張するためにヨーロッパに向け出発する予定である。少なくとも、こういったことが報告できるだろう。

大君政府は蒸気船長江《ヤンツェー》号を十四万五千ドルで購入した。この艦は先日横浜港から出て行く際に、港内にいた二隻の日本軍艦に対して三度旗を降ろして挨拶した。日本政府が手に入れた最高の戦艦である。他には記録すべき重要なことは何もない。木綿、生糸、茶は引き続き到着している。ラザフォード・オールコック卿は次の便で到着する予定で、疑いなく江戸に向かうであろう。江戸では現在、条約を批准するためにロシア人が滞在している。オランダ人はこの水域で、春までに十二隻からなる艦隊を持つ予定である。うららかな天気が続いている。昨日雪が降ったが、積もるほどのことはなかった。今日もいつものように陽気な天気である。

今週号ではワーグマン氏のスケッチを第一面に掲載したが、なかなか面白い場面を描いている。江戸の郊外にある神奈川の奉行が、横浜とのあいだで家が一軒火事になっているとの事件で、その **otium cum dignate**〔悠々自適〕の生活から呼び出されたところだ。神奈川は外国人が居留する横浜の町からわずか二、三マイルしか離れていない。彼は堂々と威厳を正し、ゆっくりとした歩調で進んでおり、前を行く召使が官位を示す旗を持つ。後に続く召使は、火を消すには実際には使われそうもない三叉の槍のようなものを持っている。絵で見るように、右側にも左側にも、日本の高官が通過するときにはいつでも、人々は彼の前にかがみこむ。彼の家来の何人か

神奈川の奉行とその随員たちが火災現場に向かう

が馬に乗って後をついてくる。この紙面に同じ画家によるもう一枚のスケッチ〔口絵参照〕を掲載したが、これは三人の日本人武士が武具を身に着けた姿を描いている。日本人の生活を描いた一連の挿絵をさらにご覧にいれることになるだろう。

日本人の食事
ILN　第一二七〇号　一八六四年七月二三日

ワーグマン氏が日本人の日常生活を描いたもう一枚の挿絵を掲載する。これはある日本人の一団が小さな食卓〔お膳〕の前に座って夕食をとっている光景である。お膳は客人それぞれの前に置かれ、かれらは食べ物を自分で取り、一組の箸を使って汁の椀から食べられる部分をつまみ上げている。一方箸を使い終わった紳士は、汁を飲むために椀を自分の口

JAPANESE PARTY AT MEALS.—FROM A SKETCH BY OUR SPECIAL ARTIST.

食事中の日本人

のところまで持ち上げているのが分かる。食卓の上手に座っている女性は、特有の礼儀正しさを保ち、客人たちに給仕が終わるまで、自分が食べるのを控えている。二人の女中が、何か追加の食事を運んできている。

剣術稽古と東海道を行く役人

ＩＬＮ　第一二七二号　一八六四年八月六日

横浜の本紙特派画家が日本人の風習を描いた新しい挿絵を二枚掲載する。一つは二人の武士が剣術の稽古をしている様子である。彼らは顔を鉄製の面で、手と腕を長い籠手で、そして胴を竹で編んだ厚い胸当てで保護している。非常に活発に跳ねまわり、お互いに物凄い打ち合いをする。時々相手をうろたえさせるような凄まじい叫び声を発する。打ち合っている間は決して怒り出したりせず、一勝負が終わるとお互いに丁重に挨拶をかわし、相互に受けた強打に対して礼を述べるのである。

剣術稽古をする日本の兵士

JAPANESE OFFICER TRAVELLING ON THE TOKAIDO.

東海道を行く日本の役人

二枚目は、ある高位の役人が、江戸とミアコを結ぶ公道、東海道すなわち「東海の大街道」を、召使と家来を連れて仰々しく旅をするところだ。この人物は、ノリモンまたはセダンチェアに座っているのが飽きたらしく、少し歩きたくなったようだ。彼の背後には槍先に覆いをした槍持ちがいるが、日本人はむき出しの刀剣を好まず、大工たちでさえも、仕事が終わると尖った道具や鋸にはカバーをかぶせる。槍持ちの後ろには召使、そしてノリモンの担ぎ手が続く。その後に完全に装甲した公用箱が来るが、身分のある役人はこれなしでは旅をしない。さらに荷物用のトランクと様々な品物を乗せる台がやってくる。重い荷物は荷馬で運ばれるが、馬は主人の前を行っても、後ろからきてもよい。

大坂の街路・訓練中の日本兵　ILN 第一二七三号　一八六四年八月十三日

横浜の本紙特派画家通信員が送ってきたスケッチから、日本の光景と風習を描いたさらに二枚の挿絵を載せる。彼の書簡からの抜粋で説明しよう。

大坂の街路を描いたスケッチをお送りするが、家並みの様子が分かるだろう。家屋は低く、どう見ても美しいとはいえない。通りは互いに直角に走っており、曲がり角ごとに消火用の設備、信号用の鐘、はしごおよびポンプが置かれている。役人の姿はほとんど見えない。町は非常に多くの支流や掘割が交差しており、「千の橋のある都市」〔八百八橋〕と呼ばれる所以である。ここは店舗や娯楽施設の一大集積地である。兵庫の港は大坂の近くの海岸にあり、外国貿易に開かれてしかるべき場所である。横浜が生糸地帯に

VIEW IN OSACA, NEAR JEDDO.

江戸に近い大坂の眺め

近いため、常に主要な貿易港であるが、ここも貿易にとってたいへん良い立地条件にある。

もう一枚のスケッチは、横浜に近い高台で、できの悪い新兵グループが訓練している様子を描いている。ヨーロッパ式の訓練は彼らにとってまだ新しく、しっくりいっていない。マスケット銃やライフル銃を持ってはいるが、自分たちの本来の武器とは明らかに感じていない。刀と槍こそが、彼らの本来の道具である。江戸で空威張りしている手のつけられない連中が腰に手をかけ、だぶだぶの袖をして歩いている姿と、このきちんと合った服装の正規兵とは何と違うことだろう！　あちこちの門のところで、番兵たちが適当なところにマスケット銃を立て掛け、腰をおろして小さな煙管で煙草をふかす姿が見られるかもしれない。だが日本人が太鼓を叩く術は、実に素晴らしいものがある。

JAPANESE SOLDIERS AT DRILL.—SEE PRECEDING PAGE.

訓練中の日本兵

英国軍艦の横浜到着・盲人楽士　ＩＬＮ　第一二七五号　一八六四年八月二七日

本号には日本にいる本紙画家による二枚のスケッチを掲載した。かれは横浜から六月十四日付で次のように書いている。

「英国軍艦コンカラー号が到着し、六月七日、五〇〇名の海兵隊員が上陸した。ご覧のように彼らは山の手まで行進し、そこでテントを張った。素晴らしい一団の兵士たちで、ここでは大きなセンセーションを引き起こした。第二十連隊はまもなく到着するものと期待されている」。

もう一枚の絵は、二人の盲人楽士がある紳士の娯楽のために演奏している様子を描いたものだ。紳士は楽士たちの奏でる優雅な調べに明らかに満足して聞いている。盲目は日本人のあいだにしばしば起こる不幸である。そして一種の盲人組合で

英国軍艦コンカラー号から横浜に上陸する海兵隊員

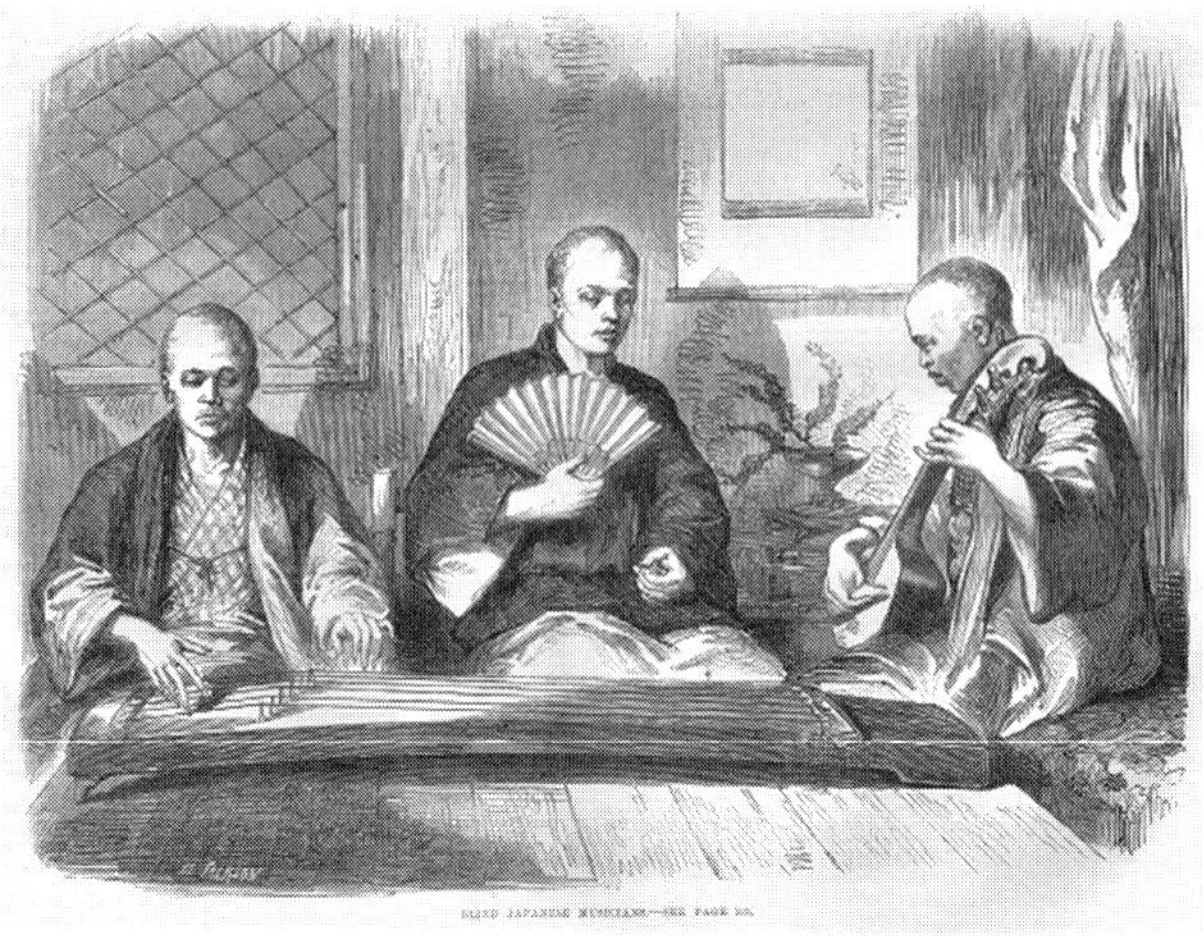

盲目の日本人楽士

ある「平家当道」〔当道座。中世から近世にかけて日本に存在した男性盲人の自治的互助組織〕と呼ばれる制度が形成されてきており、彼らに仕事と生計を与えている。この組合の創始者は、平氏と源氏との間の昔の内戦で戦った平家の有名な武将である。この英雄は名を「景清」と言い、日本の劇詩のなかでは、敵の頼朝によって捕虜になったとされている。頼朝はかれを非常に寛大に扱ったため、景清は釈放されると、二度と頼朝と戦うことにならぬよう自ら両眼をえぐり取ってしまったという。この物語によると、盲目となった武士はそれから琵琶すなわちリュートを弾くことを習い、そうしてこの盲人楽士協会を起こしたのである。楽士たちはほぼ独占的に公共劇場のオーケストラを組織しており、祭礼や婚礼、その他の儀式や宴会での仕事を見出すのである。

化粧をする若い女・横浜の流しの芸人

ＩＬＮ　第一二七九号　一八六四年九月二四日

日本人の風習を描いたワーグマン氏のスケッチを二枚掲載する。

最初の一枚は、若い女性が毎日の入浴の後に化粧をしている絵である。日本では、こうした技巧をこらした化粧をする価値があると常に考えるのは、若くて美しい女性だけである。大人になった女性は、装いがいつも控えめで地味な姿をしている。この絵で見る少女は、自然が彼女に与えた魅力をさらに良くするために、異常なほどに苦労をしている。彼女は最初に顔と首まわりに白粉を塗り、頬を紅で染め、そしてクリムゾン〔深紅色〕と金を混ぜ合わせた口紅を、上等な毛のブラシを使って唇に塗る。その効果はヨーロッパ人の目にはあまり快いものではないが、しかし日本人がそれを賞賛するのであれば、それは好みの問題としか言いようがない。こうした風変りで異常なやり方をしているにもかかわらず、日本の女性はたいへん魅力的であるといわれている。彼女たちの普段着は、着る人の好みによって、首の近くまでか、またはそれより少し下まで胸を覆い隠し、下は地面についてしまうほどに長い。

ゆったりとした袖があり、手首が自由に動かせる。腰のまわりをショール〔帯〕で締め付け、後ろを蝶結びにして、だらりと垂らす。衣服の柄や色を、鼠色、青、または黒の縞模様の絹物といった地味なものを好む。しかし帯は普通明るい深紅色のものである。また美しい黒髪は、色物の紗や、縮緬織の帽子状のものやヴェールがよく引きたたせている。爪は指先と同様、赤い顔料で念入りに染めるが、二、三日ごとに染め直す必要がある。想像がつくと思うが、洗濯女の部類の女たちは、女性の習慣についてのこの種の義務を免除されている。日本の女性は、ヨーロッパの女性とほぼ同じくらい自由をもっている。ほとんどがギターのような楽器を演奏することができる。

口紅を塗る日本の少女

もう一枚の絵は、流しの芸人〔三河万歳〕のグループを描いている。彼らは日本においてひとつの特権団体を組織しており、〔イギリスの〕バス氏法を思い起こさせるような罰則を心配することなく、仕事を求めることができる。彼らの演芸は、公的または私的なあらゆる祭礼において、なくてはならない余興の部分であり、また公認の料金表にしたがって報酬を受けている。

横浜で見た流しの歌い手

日本兵の行進

ＩＬＮ　第一二八一号　一八六四年十月八日

ワーグマン氏は今週号に掲載したスケッチについて、次のように書いている。

「日本人は常に訓練をしている。朝から晩までまったく休もうとしないようだ。そして今頃は確かに熟達していてしかるべきである。しかし彼らが行進するときのぎこちない歩き方は、逆であることを物語っている。後ろの兵は常に前を歩く兵の足を見ているが、歩調が合っているかどうか確かめるためで、兵隊らしくない。ところが横浜に駐屯している部隊は新たに招集された兵と思われ、それならそれで説明がつくものといえよう。大君の正規歩兵隊のなかには、十分に訓練され、演習を完璧にやっているものもあり、最近江戸で

行進中の日本兵

閲兵式を見たアメリカ公使〔ブリュイン〕はその熟達ぶりに驚いていた。しかし、訓練においては完璧でも、実戦でそうであるかどうかを保証するものではない。日本人は士官が多すぎ、平均して五人の兵に一人の指揮官がいるものと思われる」。

日本の木版画彫師

ILN 第一二八二、八三号 一八六四年十月十五日

日本人の生活習慣を描いた、横浜の本紙画家によるもう一枚のスケッチを掲載する。日本人の彫版師が座り心地の悪い姿勢で仕事をしているのを見るのは痛々しい。彼はテーブルとは名ばかりの小机に向って体を折り曲げ、なんとも不格好な姿勢を保っている。しかし、一本の紐で耳のまわりに結わえ付けた彼の素晴らしい眼鏡を見ると、実に面白い。使用する道具は、最も単純なたぐいのものである。板木はイギリスの柘植のように堅くなく、極めて柔らかい。彫り方は次のようなものである。── 最初に、彫版にしようとする主題を、薄い紙に墨と日本の絵筆で描く。次にその素描を裏返しにして板に張り付ける。紙に油をしき、彫刻が完成するまで張ったままにしておく。このようにして絵のなかの黒い線はすべて浮き彫りになる。それから版木を洗い、油煙と膠《にかわ》で作った印刷用インキを含ませる。印刷は、きれいな紙を版木の上に置き、乾燥した葉を被せた丸

日本の木版画彫師

い道具〔馬連〕を使い、手で表面を押しつけることによって刷る。この作業は、数千部も印刷されるまで続けられる。日本人は色刷りもやっており、色が異なるごとに別の版木を使用する。

日英両軍の閲兵式

ＩＬＮ　第一二九六号　一八六五年一月七日

本号では、横浜における日本とイギリス両軍の駐屯部隊の閲兵式の様子を掲載した。本紙特派画家はこれについて次のように書いている。

「十月二十日は、日本の軍隊がイギリス軍と隊伍を組んだ最初の日として、長く記憶にとどめられることだろう。その光景はまさに堂々たるものであった。ちょうど二、三日前、各国公使および提督たちは、日本軍の閲兵式を見学するよう招待され、式では日本の歩兵が甲冑をつけた戦士たちと協力して、さまざまな機動展開を行った。今回の閲兵式は、ヨーロッパ人用の閲兵式場で行われ、横浜の現地人や居留外国人のほとんどが見守ることになった。最初にイギリス軍がいつものような演習を行い、その後に日本軍の太鼓や法螺貝の音が遠くから聞こえた。そして今、彼らの旗が姿をあらわし、さらに法螺貝を吹く兵、太鼓を叩く兵が後に続く。その後には馬上で堂々と着飾った三人の士官とともに、槍を持った兵がやってくる。槍持ちたちはすべて、色とりどりで職人技で作った甲冑を身に着けている。士官たちは号令を発するのではなく、私のスケッチの中の前面で先頭を行く男の手に示されているように、先端に紙の鳴り物のついた棒を振りながら、すべての動作を命令するのである。その上さらに、家紋を誇示した旗を自分の背中にまっすぐに立てる武者もいる。彼らが方陣を組み、中央に三人の馬上の指揮官、後方に槍持ちが並んだ瞬間、甲冑に身を固めたこれらの兵たちが出そろった姿は堂々たるものであった。背後に見えるのは赤い上衣を着たイギリス軍、そしてダークグリーンの上衣のベルーシー隊員たちで、絵に描いたような見事な隊列をつくっている。その間ずっと太陽が輝き、空は雲一つなかった。日本軍はさまざまな訓練や機動演習を行ったが、そのうちのひとつでは、彼らはしゃがみ、そして大きな声をあげる。低い調子から始まり、やがて徐々に挑戦的な大きい叫び声になった。太鼓と法螺貝を同時に鳴らしたのは実に奇妙なものであった。太鼓を三回たたき、さらに法螺貝を三回吹いたが、その響きはたいへん

横浜で行われたイギリス・日本両軍の閲兵式

魅力的であった。それから彼らはジグザグに前進して槍を構える。その後、走ってグラウンドを横切ったが、その時イギリス人たちは三度、歓呼の声をあげた。しばらく待つと、酒井様、竹本淡路守、その他の高官たちがグラウンドにやってきて、ラザフォード・オールコック卿とその職員たちから心のこもった歓迎を受けた。やがて日本兵たちは行進をして去った。イギリス軍が一方の道を行き、日本軍が太鼓を早打ちし、旗をなびかせ、槍を高く掲げながら別の道を行った。」〔以下略〕

日本の競馬

ＩＬＮ　第一三二三号　一八六五年七月八日

横浜の本紙画家通信員は、四月十四日の日付で次の様に書いている。

「先週の木曜日、春の競馬会が当地で開催された。天気は最高によく、たいへん暑かったが、空は雲一つなかった。この機会に初めて、日本人の武者がスポーツに参加したのだ。その騎乗ぶりは、満場からの称賛をもたらした。彼らはよく並んで走り、優勝した者は見物人たちから万雷の喝采を受けた。Ｅ嬢がケースに入った小型連発銃の形をした賞品を授けた。日本人騎士のうち二人だけ落馬したが、それでもたいへんな奮闘ぶりを見せ、その後夕方にもう一度レースがあったが、そこでも同じように立派に乗りこなした。このように日本人がイギリス人スポーツマンを競争相手として出場するのを見るのは、確かに楽しいものだ。そして彼らにとっても大きな自信になるものと私は思う。彼らはすべて士官であり、なかには非常に若い人たちもいた。この競技の様子を描いたスケッチを同封する」。

横浜の春の競馬会

日本の正月

ＩＬＮ　第一三二四号　一八六五年七月十五日

横浜の本紙特派画家通信員が送ってきた、日本の風習を描いた二つの絵を掲載する。彼の書簡からの抜粋が、これらの絵の主題をよく説明している。

「日本の新年の祝賀を描いたスケッチを二つお送りする。新年の最初の三日間は、老いも若きも、あらゆる種類のゲームに熱中する。なかでも最も独特なゲームは羽子板遊びである。羽子板は堅い板で作られており、裏面には男か女の絵が描いてある。羽根は我が国のものといくらか似ているが、ずっと小さい。丸い小さなビー玉に羽毛をくっ付けたものである。通りでは一日中、どこの店先でも、どの家の戸口でも、この遊びに興じて笑うグループの様子がお分かりになるだろう。遊びが次第にたけなわとなり、ミスをするごとに、羽子板で人体の部分〔尻〕をかなり強くぶたれる罰を受けるが、それはイギリスの男の学童が、生まれつきのかたきとして知られるバーチ〔樺の小枝を束ねた鞭〕でぶたれるのと同様である。女の子はもちろん、着物の上に腰当をつけているという単純な理由から、それを感じない。それにしても、町全体がこんなにも陽気に楽しんでいるのを見るのは、なんと楽しいことだろう！　つまり、町自体が楽しむわけではないから、町の人々が、である。しかしこの論題にとっては、たいしたことではない。私は庶

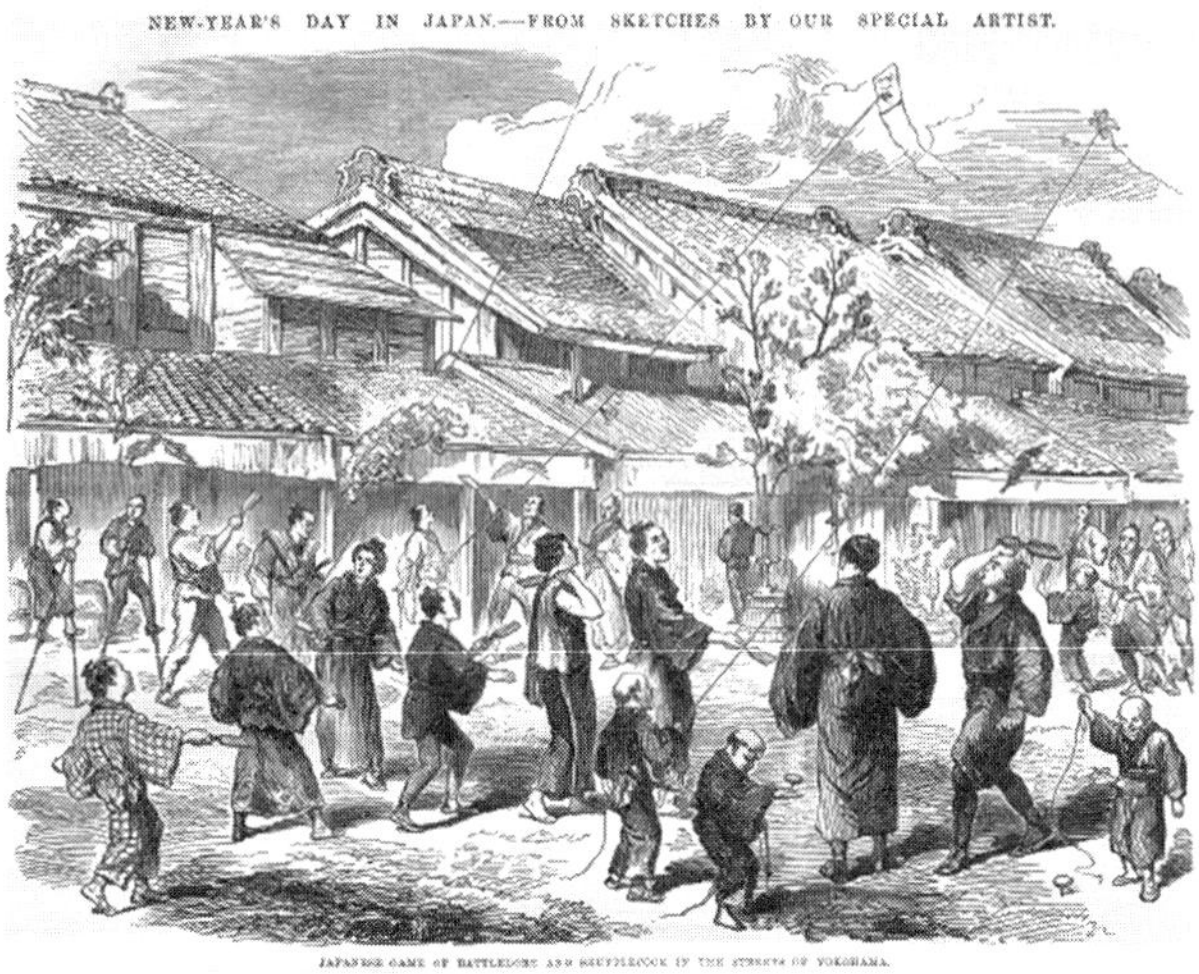

日本の正月　横浜の街路での羽子板遊び

民がこのように心から楽しんでいるのを、他の国ではかつて見たことがない。通りもまた、竹や松の木で飾られ、たいへんに美しく見える。さらに、誰もが正装をしており、調和のとれた色合いに対する日本人の趣味が完全な程度にまで示されている。その完璧さは、こうした問題について論文を書いているシェヴリュール氏も、日本人のコスチュームにはすっかり同意することだろう。一方、男の子たちというと、足の親指と人差し指の間に棒をはさんで竹馬に乗って歩いたり、凧揚げ、独楽、輪回しなどの玩具で遊んだりしている。

　もう一枚のスケッチは、蝶の羽の形をしたもの〔裃〕を身に着け、挨拶をしに向かう役人たちの行列に出会うところだ。かれらは身分の上の人の行列に出会うたびに、地面につくほど深々とお辞儀をする。この日は、誰もが他人の幸福を願う。新年を迎える前夜またはその前日までに、一年間に契約した借金をすべて支払うという、古き良き中国の習慣はここでも十分に通用している。この時までに自分の勘定を清算しなかった男は不名誉とされ、こうした慣習からわれわれは有益な教訓を得られるだろうと私は思う。年の最初の月では、どの階級の人々も順番に一日ずつの休日をとる。例えば、髪結いが休む日、火消組が休む日、等々である。こうした雰囲気のなかでは、多くの男たちが、そしてさらに多くの女たちが楽しく酔い、酒をすすめようとする。そうしたもてなしが受け入れられれば、他の誰にでも自分と同じようにさせようと要求する、これが本音なのである」。

日本の元日　年賀の訪問に向かう日本の役人

日本人画家たちの社交場

ＩＬＮ　第一三五四号　一八六六年一月二七日

今週号では、横浜の本紙通信員が送ってきたスケッチの一枚を掲載するが、彼はこの主題について、次の様に説明している。

「日本の画家や素人の美術家たち（日本では「書」が美術のひとつである）は、時々楽しい会合を開く。大きな部屋を貸し切り、座るための赤いヨーロッパ製の絨毯、絵具、毛筆、紙、墨を持ってくる。それから互いに朝の挨拶をするのに畳に頭を叩きつけあった後、小さな煙管で煙草を数服吸う。さて、その日の仕事が始まる。水彩絵の具を使って絵を描いたり、紙や扇子に字を書いたり、誰もがみな忙しくなる。山やその他の風景、鼠が大きな大根に噛りつくといった奇妙な図案、さらに老人、女、子供たち、コウノトリ、モミの木、竹、草といった様々な絵が紙に描かれる。そして描いたものを後で友達に与える。最も注目に値するような作品はまず壁に貼られ、みんなが褒め称える。たいてい中国人の何人かが招待されるが、かれらの書がたいへん素晴らしいからである。多くの役人が自分の毛筆を試そうとしてやってくる。なかには親指を使って絵を描くものもいる。私は横浜にいる外国人画家なので、いつでも招待される。しかし姿をあらわした瞬間から何も見えなくなるほど暗くなるまで、まったく休む暇もなくなるのである。人々に取り囲まれ、持ってきた扇子や紙に何か描いてほしいと言われる。私はたいてい、部屋にいる誰か風変りの者とか、酔っぱらった水兵とか、または何より、豪華で燃えるような色合いの、あり得ないような巨大なクリノリン〔張り入りスカート〕をはいたイギリス女性の漫画を描いてやり、彼らを楽しませるのだが、これには全員が大喜びとなる。もちろん字が書け、絵が描ける人は、少年少女であれ誰でも招かれる。ある老女はその書によってたくさんの名誉を得ている。合間に食べたり飲んだりしたりするが、愛想の良い丁重な態度や、美術に対する真の愛好心が、こうした社交的集まりの特徴である。日本人はこうした類のことが好きである。一年中、自分たちの部屋を季節の一番綺麗な花や灌木で飾り、それは優雅さと美の好みにそって配列されるのである」。

日本人画家たちの社交場

ご老中を馬車に乗せる

ＩＬＮ　第一三六四号　一八六六年四月七日

日本の本紙通信員が送ってきた書簡からの抜粋を載せるが、二枚の絵について次の様に説明している。

◇　◇　◇

横浜、一八六六年二月一日。日本人の士官たちはこのところ急速にヨーロッパの服装を身に着けるようになっており、二、三週間もすれば大君みずから、羽飾りの三角帽やその他一式を身に着け、将官の正装をして姿をあらわすことになるだろう。すでに兵士たちは自国の半ズボンをやめて、ヨーロッパ式の、言葉に言い表せないような「ズボン」をはくようになった。先日通りで出会った士官たちの一行を描いたスケッチを同封する。かれらの服装と、流行を追う若い同国人の堕落した習慣を呆れかえって眺めている守旧派の武者の服装を比べてみれ

日本の士官たちのモダンな服装

ば、その違いが分かる。若者の白いネクタイをした感じの良い服装をご覧になれるだろう。さらにまた、かれの首の襟、サヴィルローのプール商会から買ったチョッキやズボン、そして最高級の長靴に気づかれることだろう。絵画的なものを愛好する人にとっては、このように民族衣装が急速に消えていくことには、何か憂鬱に感じられるだろう。

しかし若き日本の発展は、もう一枚のスケッチにも示されている。これはジョン・マクドナルド氏[37]が、ご老中の方々を馬車に乗せて川崎に送っていくところを描いたものだ。日本の著名な役人たちがヨーロッパの馬車に乗ったのは、これが初めてのことであり、かれらの喜びはひとしおであった。まことに珍しい光景であり、人々は驚きのあまり黙って眺めている。

若き日本よ、永遠なれ！

Young Japan for ever!

DRIVING THE GOROGIO ON THE TOKAIDO ROAD, YOKOHAMA.

ご老中を馬車に乗せて東海道横浜を行く

日本人の服装の変化

ILN　第一三七一号　一八六六年五月十九日

日本人の「習慣《Customs》」ではないにしても、「服装《Costumes》」に対してヨーロッパの手本が与えた影響は日に日にはっきりしてきている。大君の軍隊のなかには、イギリス水兵の特色ある服装を組み合わせ、わが陸軍兵士のユニフォームを奇妙に模倣しているものがあり、横浜の街路上で見られる極めて奇妙な風采である。本紙通信員のスケッチに見るとおりである。彼は言う。「こうした惑わされた日本兵たちがそのみじめな姿から、西洋文明の服装に調和しようとしていかに苦しんだか、察しがつくだろう。彼らの靴づくりは誰なのか、誰も知らない！　しかし、洋服屋よりは、まだましだ。黒のビロードで作った帽子は、そうしたもののなかでも、最も独創的なものである。全体としてかれらの服装は、以前の様式に対して完全に対照的である。

横浜のヨーロッパ風の服装をした日本兵

横浜の大火

ＩＬＮ　第一四一二号　一八六七年二月九日

横浜の大火災についての記録は先週号に載せたが、この町は江戸湾の沿岸にあり、日本の首都とほとんど地続きで、ヨーロッパ商人たちの主要住宅地である。以下の記録は、本紙において日本の風景や風習、さらに世界のこの地域におけるイギリス陸海軍の活動ぶりについて、そのスケッチをたびたび描いてきているチャールズ・ワーグマン氏から届いた手紙によるものである。かれはこの機会に火災を描いた二つの絵を提供している。彼はこの火災の目撃者であり、ある意味ではこの破壊的災害の犠牲者ともいえる。彼の家は他の家屋とともに焼け落ちてしまったのである。

「横浜、一八六六年十一月三十日。二六日、横浜は大災害に見舞われたが、この町の大きさに比して、記録上最も悲惨な災害である。日本人町の全体、そしてヨーロッパ人居留地の三分の一が完全に灰燼に帰した。損害は数百万ドルに達する。火事は岩亀楼から始まったが、ここは最も評判の悪い場所であり、それゆえこの町で一番密集している所である。炎は南からの強風に煽られて、日本人地区に瞬く間に広がった。木と紙で作られた異常に小さい家並は、木綿糸が蝋燭を通過するごとく焼け落ちた。火は文字通り家々を貪り食い、ほんの少し前までは賑やかな町であったその痕跡を何ら残さず、壊れた瓦の山と黒焦げの柱だけがあちこちに残った。炎は稲妻のような速さで屋根から屋根へ飛び移り、百姓家だけを破壊することで満足しないことがわかった。新しいアメリカ領事館は、つい三日前に領事が引っ越してきたばかりだったが、外国人の家屋では最初に襲われた。百五十ヤードから二百ヤード程度の空き地があっても、荒れ狂う火の猛威には何の防御にもならなかった。何か地獄の機械から放たれたような、燃え盛る一面の炎が空中を飛び、遠くの屋根を照らしながら、あらゆるものを焼き尽くした。石造りの頑丈な建物でさえ破壊した。この光景は説明するまでもなく、すぐに想像できるだろう。町をすべて略奪するがごときである。兵士、水兵、市民たちが四方八方に走り回り、貴重な財産を救い出そうとしたが、燃え盛る街路に投げ出されるばかりであった。技師たちが空間をつくろうとして家をつぶすことから繰り返し起こる爆発音は、幻覚を覚えさせるかのようだった。一瞬、居留地全体が完全に破壊されるのではないかと思われた。幸い夕方近くになって風が止み、火は衰えた。もしも強風が続いていたならば、この場所は何も救うことはできなかった

大火災の横浜の本通り

だろう。日本人と中国人の召使たちは素晴らしく立ち振る舞った。自分のことはすっかり忘れ、大きな危険を冒して主人たちの財産を救おうと、精力的に働いたのである。日本人が町の数か所に放火しているのを見たとか、夜には襲撃があるかもしれないという噂が広がった。これは単なるデマであることがわかったが、続く数夜は誰もが警戒し、多くの住民が時々町をパトロールした。ハリー・パークス卿は火事の時、田舎のほうに行っていた。イギリス公使館に危険がなくなるや否や、神奈川の奉行は特使を派遣してきて無事だったことについてお見舞いをし、かつ生じた事態に遺憾の意を表明した。さらに江戸のご老中からは同じ趣旨の急使が届いた。いくつかの事件は非常に奇妙な出来事なので、ここで述べておく価値がある。ある家は、保険証券が満期になる旨、三日前に警告を受けていたが、一か月分の割増金を節約するため、十二月一日まで更新するのを断っていた。この経済的打撃によって、その家は六万ドルを失ったのである。私自身のスケッチ、それは中国、マニラ、日本での十年間の仕事の結果であるが、耐火性と思われる地下室に置いておいた。家は完全に焼け落ち、三日間、もう駄目だろうとあきらめていたが、無事に私のところに戻ってきた。多くの人々は完全に無一文になった」。

横浜の地図はこのようなものである。海から眺めると、海岸通りにそって一連の堂々としたヨーロッパ風の家屋が見える。海岸通りにほぼ並行して、二本の長い通りと数多くの小さな通りがある。さまざまな方向に枝分かれしており、全体がヨーロッパ人の居留地を形作っている。丘の上の左手には、イギリスとフランスの病院があり、その上手に軍のキャンプがある。居留地のすぐ後ろ、二、三の小さな橋がかかった堀に囲まれたところに、「吉原」もしくは「岩亀楼」と呼ばれるところがあり、おおむね外国人が利用している。この場所の先端に寺がひとつあり、その右手に日本人町がある。

このページにある絵に関連して、説明しておく必要がある。中央のやや右手の水際の近くに立ち、ユニオンジャックを掲げ、先の尖った破風屋根の大きな四角い建物がイギリス領事館である。フランス公使の住居は、さらに後方、そしてさらに右手のほうに二本の旗が見えているあたりの、長く低い建物の並びにある。左手には広々とした草地があり、水路が一本ある。橋がひとつかかっているが、それはヨーロッパ人居留地と火が猛威を振るっている「岩亀楼」との間にある。

THE GREAT FIRE AT YOKOHAMA, JAPAN, VIEWED FROM THE BLUFF

山の手から見た横浜の大火災

大坂での日本の芝居

ＩＬＮ　第一四六四号　一八六八年一月十一日

日本にいる本紙通信員ワーグマン氏は、次のような記事を寄せてきた。

「大坂でのスケッチをさらにいくつか同封するが、きっと読者の興味をひくものと思う。最初の一枚は、大坂の劇場の内部を示している。一つの通りに五つ以上ある劇場のうちの一つである。どれも非常に大きく、我が国の設計と同様、平土間、仕切り席、天井桟敷がある。舞台の隅に楽士たちが座り、平土間を通って舞台に通じる畳敷きの道〔花道〕があり、役者たちがそれを通って戯れて見せる。場の背景や幕間用の垂れ幕があり、幕もある。演技は一日中そして夜半近くまで続く。その間観客は芝居から離れることなく、食べたり、飲んだり、煙草を吸ったりする。その便宜を図って、劇場付属や通りの飲食店がたくさんあり、いつでもスープや燗酒もついた食事を取り寄せることができる。娘たちはみな晴れ着でやってくる。それはゴージャスなもので、観客席は最高に美しく、色彩に富んだ眺めとなる。役者たちの衣装も飛びぬけて立派なもので、たいへん高価である。演技は極めて優れており、特に悲劇物がよい。感傷的な場面では、女性の観客がすべて泣いていることも時々ある。力や技の芸当も披露される。ひとりの男が平土間を横切る黒く細い綱の上で綱渡りをし、驚くべき芸当を演ずる。その最も異常な光景といえば、同じ男が斜めに傾いた綱の上を、後ろ向きに滑り降りる場面である。平土間では我が国〔イギリス〕の女たちが「オレンジ、レモネード、ソーダ水、芝居の番組表はいかが」と叫んでいるのが見えるが、しかしソーダ水やレモネードは売ってはいない。観客は大声をあげて拍手を送り、次の場面が始まってほしい時も手を叩く。幕が下りるごとに大勢の子供たちが現れ、舞台の上に殺到して、中がどうなっているか見ようとする。無邪気な好奇心であり、役者たちも子供たちをそのまま喜ばせておく。夜の興行はあまりよくない。それは非常に質の悪い獣脂の蝋燭が使われており、その光はみじめで、いつも鼻をくんくんさせなければならないほど嫌な臭いがする。垂れ幕には穴がいくつもあり、役者たちがそれをのぞき込んで、観客が我慢していないかどうかを見る。幽霊と悪魔はまことに愉快であるが、事実、催し物全体がたいへん面白く、実に楽しいものである」。

大坂の劇場

日本の相撲

ＩＬＮ　第一四六七号　一八六八年二月一日

日本にいる本紙通信員のワーグマン氏が送ってきたスケッチの挿絵を掲載するが、これは大坂市中で行われたプロの体操選手による、レスリング〔相撲〕の公開試合の様子を示している。この種の催し物は、かれの前号における記事の主題であった巧みな芝居に次いで人気があるとのことである。

「大坂での相撲は巨大な葭張りの小屋掛けの下で開催され、観衆でいっぱいである。中央には土を盛り上げたマウンドがあり、天蓋の下の壇になっている。一方の側には水の入ったバケツ、木の柄杓、塩の入った小さな篭が置いてある。競技者たちはまず、水のバケツのところに行って、口をすすぐことから行動を開始する。それから塩を一つかみ取り、自分の脇の下や胸にこすりつけて身を清める。こうしたセレモニーの後、前に進み出て、お互いに向き合ってしゃがみ込む。二人は藁、草、または小枝を一本とり、両者の間で千切って二つにする。それから蛙がしゃがみ込むような姿勢で位置につき、両手で自分の太ももを大きな音をたてて叩き、筋肉を極度に緊張させる。そして格闘に入るふりをする。だが、取り組みを続けるのではなく、ともにすぐに引き下がり、水と塩を取りに行く。そして蛙がしゃがむ動作を繰り返し、ふたたび格闘に入るふりをする。しかし突然、二人はより多くの塩と水が欲しくなる。おそらく両者のうちの一人が、四本の柱の一つに対して特別な好みをもっていることを表情に表しており、それを引っ張ろうとする。しかしすぐに思いとどまり、さらに多くの塩と水を取りに行く。こうした動作を何回も繰り返した後、両者は実際に格闘を始める。そして相手をリング〔土俵〕の外に投げ飛ばした者が勝ち名乗りを受ける。すると観衆は熱狂し、交戦した勇者に対して紙につつんだお金を投げる。興奮の場となる。しばらくして別の二人が登場する。こうして相撲は夕方まで続く。そして観客たちの騒がしい拍手のなかで、アンパイア〔行司〕が翌日の試合に出る力士たちの名前を読み上げる。そしてフィナーレは、上から腰までは裸だが、壮麗なエプロン〔化粧まわし〕をつけた力士全員が入場し、土俵のなかに立って自分の手を三度たたくのである」。

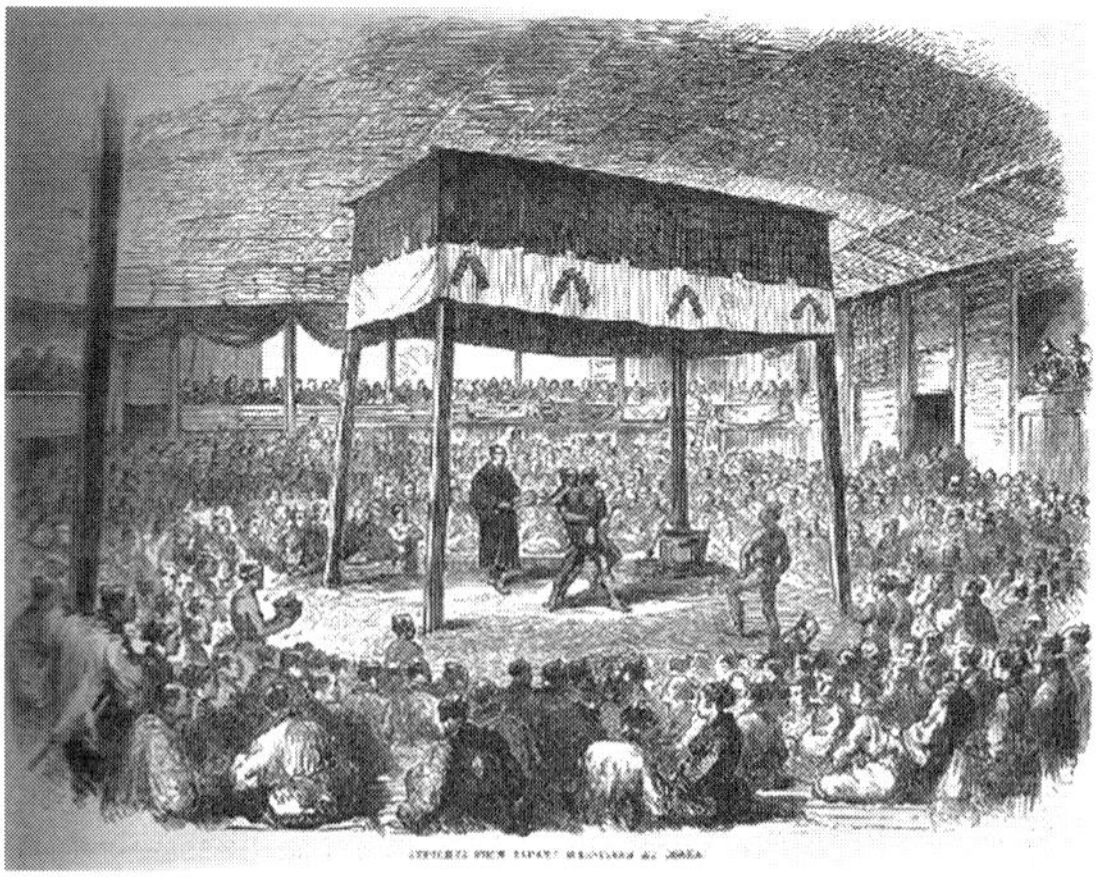

大坂の相撲

横浜の新年の祭り

ＩＬＮ　第一六六八号　一八七二年一月一三日

横浜にいる本紙通信員、ワーグマン氏から送られてきたスケッチからの挿絵は、この町の新年の祭りの様子を示している。この挿絵は、十五歳の日本人の少年によるたいへん上手なスケッチをもとに描かれている。これは行列が税関の建物を通り過ぎるところである。行列では二つの持ち運びできる祠が高く担がれ、それぞれの乗物の下部には舞台があり、楽士たちでいっぱいである。一方上の部分は、木とボール紙で軽く作られた男神または女神像が上に置かれて、幟が風に翻っている。この出し物のなかで特別に崇拝されている神は、ワーグマン氏によれば「大神宮」すなわち「伊勢」の神である。一番前の神輿の頂上で手をあげ、高く立っているのがその像と推定される。後方のものは「大神宮」の妻を意味する女神像と思われるが、断言はできない。祭りは三日間続いた。ワーグマン氏は次の様に知らせてきている。

「町はこの祭りを見ようと、この国のあらゆるところからやってきた人々で賑わっている。横浜がかつて見た、最も壮大な光景を見に来ているのである。戦勝を祝うような花馬車が少なくとも十五台出て、行列は何時間にもわたって、ほとんど通行不能なほどに混雑した道を練り歩いた。秩序は完全に保たれ、事故はひとつも起きなかった。最初の二日間は、行列がさまざまな通りを練り歩くだけだったが、日曜日は、雲一つない素晴らしい快晴の日だった。一般の行列も組織され、この日は当局の前では列をつくって行進が続けられた。一幕物の喜劇が演じられたり、神輿の前では踊りが繰り広げられたりした。それぞれの演技が終わると、出演者は小さな寺が立っている丘の上まで進んでいくことになる。夜になるとすべての車、家々、そして通りが照らし出され、実にゴージャスな光景であった。しかし日中でも、日本人たちが正式に祝賀する姿の、色とりどりの光景は申し分のないものであった。多くの色を使った高価な絹物で少年を装った少女たちは、たいへん美しいものである」。

わが通信員の説明はここまでである。

横浜の新年の行列 - 男装の少女たち 町の商人たち

明治維新の日本

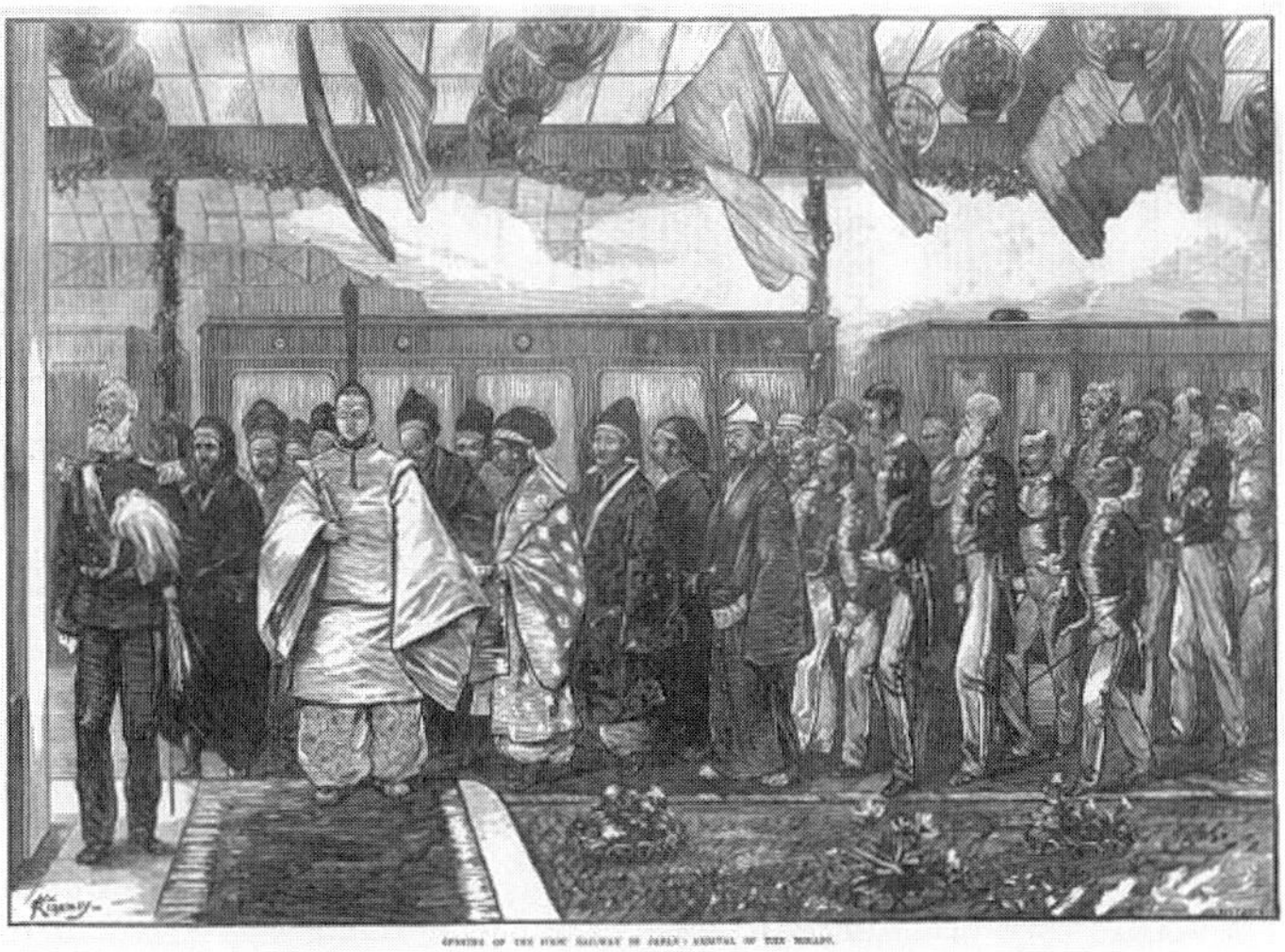

日本で最初の鉄道の開業式

日本の博覧会

ILN 第一七二八号 一八七二年十月一九日

日本にいるご存知の本紙特派画家チャールズ・ワーグマン氏は、最近京都で開催された美術工芸博覧会[38]の光景を伝えてきた。この地名は多くの読者にとって初耳だろうし、どの地図にものっていないかもしれない。それは日本島にあって、以前はミアコと呼ばれていた大きな都市である。日本語でミアコとは首都を意味し、ミカドの居住地であったところ、その名がこの土地に当てられたのだ。皇帝陛下は、大君すなわち自分を儀礼的な束縛状態に押し込めていた世俗の副王を駆逐して事実上の支配者になった。それ以来、自分の宮廷を江戸、すなわち東の首都に移し、それまでミアコと呼ばれてきたこの町は京都、または西の都市を意味する西京として知られるようになった。ここは最近まで聖地とみなされ、外国人には閉ざされていた。しかし今では、日本の条約港の場合と同様、法律上の地位が定まってはいないが、外国人の立ち入りは自由である。

たいへん奇妙なことだが、この展覧会には京都にある多くの寺院のうちの三つが使用されている。また日本人たちは普通の道を歩くのと同様、神聖視されている床の上をためらうことなく靴をはいたまま、帽子をかぶり、煙草を吸いながら歩いている。訪問者たちは完全な自由が許されているが、展覧会は、白い服を着た、時には赤いチョッキを着た案内人によって守衛されている。彼らの袖にはヨーロッパの文字で書かれた英語の「Guard」[39]という言葉が印刷されている。これらの人々は、日本の他の場所の警察官のように、刀を身に付けてはいないが、杖や警棒のようなものを携えている。以下は、本紙通信員が博覧会を訪問した時のことを述べた手紙である。

京都。一八七二年六月十六日。一日中土砂降りの雨だったので、私にとっては博覧会の見学に行くのが実にふさわしいと思われた。地元の雨傘を二分《にぶ》で買い、それで身を守りつつ、川岸にある私の小さな家を出た。川は徐々に水嵩を増し、橋を渡って「知恩院」という寺に行った。この寺は京都のなかでもっとも立派で、一番いい場所にある寺の一つだ。その庭園はこの上なく美しく、よい趣向がこらされて配置されており、これにより日本の庭師たちはふさわしい賞賛を受けている。町の少しはずれたところにあり、木の茂った丘を半分ほど登ったところにある。壮大な街路が山門まで続く。山門をくぐると、二つの階段が本殿へと通じている。そのひとつは急な階段で男用であり〔男坂〕、もう一つはゆるやかで女性向け〔女坂〕である。このことは日本人が女性に対して親切でなくはないことを証明している。

料金を支払って、英語と日本語で書かれた入場券を受け取る。私は中に入り、武具のある最初の展示室の写生をした。お送りするスケッチは日本の歴史を物語っている。鎧甲冑の背後にかかる白い幕には、徳川家の家紋がついている。徳川家は最近の革命までは日本の事実上の支配者であり、ヨーロッパではタイクンとして知られている。前景に洋服を着た二人の日本人は、わずか数年前まで身に着けていた武具と、奇妙にも好対照になっている。一人は熊谷(40)といい、博覧会に関係した公式人物である。かれは現今の流行をそれほど正確に表現してはおらず、ブルーの花柄の絹の上衣と、チョッキを身に着けている。かれはそれまで一度も京都の外に出たことはなかったのである。もう一人のたいへん着こなしのよい人物(41)は、西尾といい、同じように博覧会の代表委員の一人であり、非常に魅力的な男だ。陳列室の他のあたりは、女子生徒(42)たちでいっぱいで、彼女たちは男子生徒と一緒に、博覧会見学に連れてこられたのだ。このように、このスケッチには日本の過去、現在、未来を見ることができる。私が特に説明するまでもなく、誰しもそれぞれに自分自身の結論を引き出すことだろう。四時に展覧会は閉場し、われわれは寺の向こう側にある別の場所に移動した。そこには野外のテーブルと椅子が置かれており、大坂産ビールのボトルを求めて飲んだが、ドイツビールを真似して日本人が作ったビールはまことに上出来であり、日本人の啓発のために美味さを大げさに表現して印刷された文章にも感心した。それから町を通って帰路につき、いくつか骨董品を買いながら歩いて帰った。

京都で開催された美術工芸展覧会

鉄道の開業

ＩＬＮ　第一七三五号　一八七二年十二月七日

日本で最初に建設されることになる、江戸から横浜までの新しい鉄道の開通式が十月十四日行われた。これは過去三、四年にわたり日本人の社会条件、考え方、生活習慣における目覚しい変化を目撃してきた横浜のヨーロッパ人居留民にとって、特別に興味ある出来事である。しかしこれに関して行われたセレモニーの様相について言えば、昔の衣装や飾り物や身振りなどを廃れさせたあの革命のほんの少し前の、日本の壮麗な祭礼に比べれば少しも絵画的でなく、独創的でもなかった。ご存知の本紙画家通信員Ｃ・ワーグマン氏は、この催しの二枚のスケッチと、ベアト氏の写真とともに、次のような手紙を送ってきた。

横浜、十月十五日。江戸と横浜間の鉄道の開通式は、今月の十一日と決まっていたが、当日（先週金曜日）までひどい悪天候のため延期された。金曜日はたいへん良い天気であったが、セレモニーはすでに月曜日まで延期されていたため、それまで待つよりほかなかった。日曜日にイギリス代理公使の招待を受け、私は彼と一緒に江戸に赴いた。月曜日の朝、私は早起きし（天気は最高であった）、幸橋《さいわいばし》の門のところに行った。門のあたりから停車場まで、通りの両側に駐屯部隊が整列していた。かれらはブルーの上衣、灰色のズボン、黄色の脚絆に、紅白の馬の毛の羽飾りがついた赤のケピー帽〔フランスの陸軍帽〕を被り、ナップザックを背負っている。門の向こう側にはラッパ吹きたちがいる。人々は停車場に向って動き続けていたが、道路は自由には通れないでいた。門のあたりで長い時間待たされたが、天皇が近づいてきたことを知らせるラッパの音が聞こえた。そして今、グリーンの上衣を着た槍騎兵が自分の前に槍を向けて、門を通り抜けて姿をあらわす。その後ろに宮廷服を着た二人の男が馬に乗って続く。さらに多くの槍騎兵、宮廷服を着た馬上の人々、そして槍騎兵の全部隊が続いてくる。これらの後ろに、四頭立ての皇室用の馬車がやってくる。車中には天皇と宮廷の高位の人物二人が乗っている。さらに馬車が続き、宮廷と政府の官吏が全員宮廷服を着てやってくるが、御者はヨーロッパ式の服装とフェルトの帽子をかぶっている。馬車の後にはさらに多くの槍騎兵が続き、そのうちの二人が行列の背後に槍を向けて最後尾を務める。馬車の造りはさまざまだが、どれひとつ美しいものではなかった。喇叭兵たちがラッパを吹くと、兵士たちは捧げ銃をする。しかし民衆たちはまったく畏敬の念を表す様子はなく、ただじろじろと見つめるだけである。最後尾の二人の槍騎兵に続いて、群衆が門のなかに押しかけ、天皇の行列に続いた。

私も停車場まで群衆について行ったが、群衆はますます混み始めており、門にたどり着くまでに押しつぶされそうであった。門は最初の乗客たちの一団が列車の席に着くまで開けられようとはしなかった。門が開くと、群衆が洪水のようになだれ込む。列車の前面にはスタンドが設けられ、チケットを持った見物人たちで溢れていた。私はプラットフォームを上がり、自分のパスを提示して新聞記者の仲間と一緒に列車に乗り込んだ。人々はさかんに煙草をふかし、上機嫌である。停車場はヨーロッパ人の手で旗や花で飾りつけがなされているが、はっきり言ってパリっ子によるものではない。私が到着した時には、ミカドはすでに列車の中にいた。そして宮廷服を着た数人の日本人が動き回っていた。停車場にはパヴィリオンが建てられ、左手には木で作ったフジヤマの飾りつけがあ

日本の最初の鉄道の開業 江戸幸橋の門のところを行く行列

り、木の葉や白い花で頂上に雪が積もった姿を表わしている。

汽笛が鳴り、われわれは風にはためくパヴィリオンの旗を後にして動き出した。海に面した江戸の地帯にそって進んでゆく。セレモニーもなく、人々は列車をじっと眺め、通り過ぎるとまたすぐに元の仕事を続けるのであった。しかし途中の停車場では、線路の両側に男も女も、子供たちの群れが跪いていた。

横浜に近づくと、湾内の艦船が祝砲を放ち始めた。ここの停車場も江戸と同じように飾られていた。午前十一時に到着。私は皇室車両の向こう側に行き、ミカドが列車から降りてくるのを見た。廷臣たちがお辞儀をし、少しの間があった後、ミカドは右を見るでもなく、左を見るのでもなく、ゆっくりと前に動き始めた。貴族や大臣たちが、ある者は先に立ち、ある者はあとに続いた。外国代表たちが全員正装して、最後尾に従った。これが私のお送りするスケッチ〔扉絵〕のうちの一枚の主題である。天皇陛下は、宮廷服に身をつつんだ楽士たちが奏でる日本の音楽のなか、広間を通過していった。

天皇を迎え入れるために建てられたパヴィリオンの中に入ると、天皇は壇の下に置かれた椅子に座った。御宣言を読み上げるために立ち上がると、パヴィリオンは廷臣たち、外国代表、鉄道職員たち、ドイツ人鉄道銀行家、および夜会服を着た有力商人の代表団で占められた。W・マーシャル氏がミカドに対して祝辞を朗読し、その後に横浜政庁の長官が演説を行った。ミカドは海軍軍楽隊が演奏する Voici le sabre, oui, le sabre, le sabre de mon père!「これぞサーベル、然り、わが父のサーベル！」〔オッフェンバック作曲のオペラ〕の曲につれてゆっくりと退席し、広間に入って階上に進まれた。ミカドが再び階下に降りてくると、来賓たちは軽食をともにした。正午に列車は来た時と同様のセレモニーの後戻っていった。江戸では、ミカドによって鉄道の開通が宣言された。行事は「延遼館」〔浜離宮〕にて、一行に提供された食事をもって終了した。

横浜の通りは旗や提灯で飾られた。町総ぐるみのお祭りで、夕方には町中灯りがともされた。

FOREIGN RESIDENTS PRESENTING AN ADDRESS TO THE MIKADO AT YOKOHAMA.

横浜でミカドに祝辞を述べる在留外国人たち

日本の芝居

ＩＬＮ　第一七四六号　一八七三年二月一五日

日本にいる本紙特派画家は、かつてミアコとして知られた都市、京都に滞在中、劇場に行き、次のような説明とともに一枚のスケッチを送ってきた。

「私は昨夜、知恩院の近くの劇場の一つにバレー[43]〔都踊り〕を見に行った。これは十分に見る価値があった。入場料は外国人向けには二分《ぶ》である。入り口で料金を支払うと、隅にある一段高くなった畳敷きの壇に案内された。そこからは劇場全体も観客の様子もよく見えた。平土間にはベンチはなく、畳が敷かれ、四角に仕切ってある。上段のほうも同じく畳敷きである。喫煙は許され、そして上演中はいくらでも食べたり飲んだりすることができる。この劇場は実に風通しが良く、身なりのよい観客でいっぱいである。楽屋は舞台裏ではなく、入り口の外にある。しばらく座って待っていると、合図があり幕があがった。舞台はたくさんの蝋燭で照明がされている。金色の布地に松の木が描かれた背景である。舞台の両サイドには緋色の厚手の布地を敷いた高座があり、その上では、ギター〔三味線〕や太鼓、横笛などをもった女性の楽士たちが座る。バレーの踊り子たちは、脇の入り口から通ずる畳敷きの花道にそって、左手の平土間を右に横切り、ゆっくりと進み出る。顔はまったく無表情で、ぞっとするほど白く化粧している。踊り子たちは遅いテンポのリズムで踊るが、ステージに上がると、アメリカ流に言う「フィギュア回転」に入る。両サイドの女性楽士は、バレーの踊り子が演ずる物語に合せて歌ったり演奏したりする。衣装は素晴らしく、動きは完璧な速さで演じられた。我が国のようなピルエットもしくは飛び跳ねる動きはないが、踊りの姿勢や基本は日本では手の動きにある。我が国では足でダンスをするが、日本では腕を使う。もうひとつの大きな違いは、イギリスのバレーの踊り子は体の上部と腕の部分と同様に脚を見せるが、ここの踊り子たちは脚を完全に隠し、足先だけ露出するにすぎない。盛沢山のダンスがあり、その演技は実に特別な美しさであった。照明はどちらかというと眼が眩むほどで、昼間だったらもっとよかっただろう」。

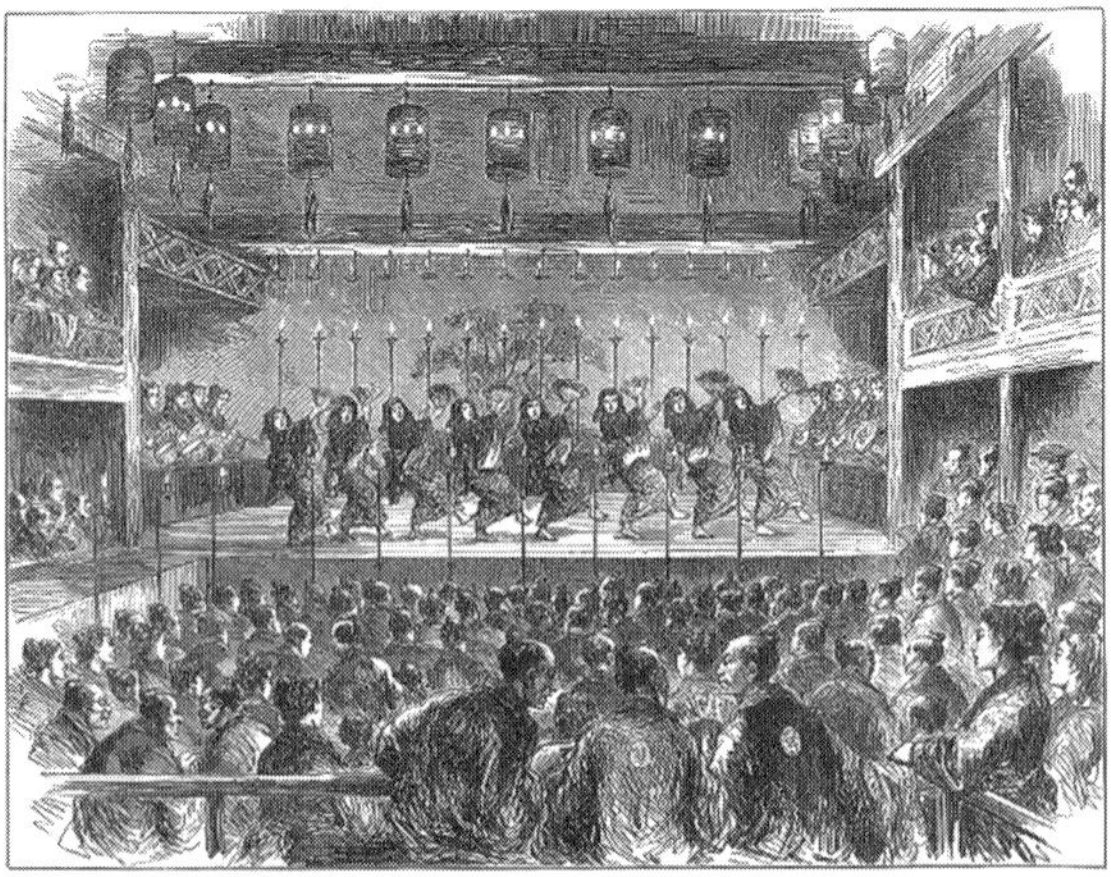

「京都の劇場で見た日本のバレー」

日本に起こった変化

ＩＬＮ　第一七八四号　一八七三年十一月八日

いかなる国の歴史においても、日本における最近の革命に匹敵するような変革を見出すことは困難であろう。極めて急激な変革がなされ、その驚くべき変容ぶりは現在も進行中である。政府の明確な代表者であった大君は完全に排除され、大名たちの古い封建制度も一掃されてしまった。この国の軍事力を形成していた大名の家臣団にとって代り、現在ではフランス式の教練を受け、そしてミカドもしくはその政府の直接支配下にある陸軍がある。

仏教の信者は神道の信者と同数であったが、その仏教はこの国において千年以上にわたって存続したのち廃絶された。宗教上の寛容が宣言されたのだが、週の七日目の休日が制度化されただけである。電信線が全国に拡張された。鉄道はすでに江戸から横浜までの線が開業され、近々もう一本の線が神戸大坂間に完成予定であり、さらに日本全国に拡張されるだろう。西洋暦が採用された。鉄道駅にはイギリス製の計時器具が備えられ、漢字に代わってローマ字で書かれたり、印刷されたりするはずである。事実、ヨーロッパのあらゆるものが採用されつつある。その速さは、船がスエズ運河経由かまたはサンフランシスコからこれらの新奇なものを運んでこられるのと同じくらいの速さである。いかなる東洋の国も、そしていかなる西洋の国についてもいえるだろうが、現在日本《ニフォン》で起こっている制度上の、急激で徹底した変革を遂げた国は未だかつてないだろう。ニフォンとは日本人が自国の本島を呼ぶ名前である。

ミカドは今や政府の真の首長である。そしてこれまで宗教的な神秘のなかに包まれ、見えなかった存在から、人々の前に姿をあらわし、公的な行事の役を務めている。彼はみずから最初の鉄道の開業式に臨み、横浜商業会議所からの祝辞とともに代表団の拝謁を受けたのである。噂によれば、彼は日本の古都であるミアコにあった大きなハーレムの魅力をすべて投げうち、妻とともに江戸に住んでいるとのことである。これらのことはすべて、奇妙にも北京で起きた事態と対照的である。そのことは北京における最近の皇帝〔清朝第十代皇帝穆宗〕の結婚〔一八七二年九月〕、皇帝と西洋列強代表たちとの外交関係、そしてさらに、中国のどの地方へも電信や鉄道の導入が反対され続けられているといった事情の詳細によって明らかになっている。

どの港にせよ、日本の港を訪れる人の目を最初に捉えるのは、最近おこった衣装の変化である。いまのところ女性は、絵に描いたような昔の着物になんら変わってはいないし、すべての人々が変化を成し遂げるまでには、しばらく時間がかかるだろう。しかし、すでに部分的に、あるいは全面的にでも様変わりをとげた人の数も相当なものだ。

大多数の人々は、今までのところヨーロッパの衣装の一つか二つの品々を採り入れたにすぎず、それはびっくりするような、そして時には笑ってしまうような恰好である。広縁のフェルトの中折れ帽はたいへんな需要があり、その出荷は十分には間に合っていない。日本人がそれらを着用すると、自分が新しい事態のなかではるかに進んでいるかのように感じている。日本では頭に何かを被るという習慣はなかった。頭のてっぺんは剃られ、後ろの髪の毛は小さな弁髪の形に結われ、何らかの方法によって糊で固定され、頭のてっぺんで前に突き出ているからである。全般的に起きた最初の変化のひとつは、髪を伸ばし、ヨーロッパ人のやり方にしたがって櫛ですき、ブラシをかけることだ。ここまでやってのければ、日本人は帽子を被れるようになるのである。広縁の中折れ帽やグレンガリー帽〔スコットランド高地人の被る帽子〕が圧倒的に多いスタイルだ。インバネスコート〔スコットランド北部地方の衣装〕は大変な人気があり、その理由は、それがゆったりとした幅の広い袖があり、日本人の昔からの衣装にどこか似たところがあるからだ。

昔のものと新しいものを対照的に描いたスケッチをお送りする。一人の人物は、まだヨーロッパの影響をまったく受けていない以前のままの服装をしている。男が着ている、ゆったりと体に合ったブルーの木綿の上衣は、背中になにか奇妙な形や文字が描かれており、昔の紋章のように見える。頭のてっぺんは剃ってあり、小さな弁髪のような

新旧両様 日本における衣装の変化

房は、頭の上にミニチュアの大砲を乗せたような恰好だ。脚はむき出しで、靴のかわりに藁のサンダルを履いている。この絵の中の他の人物は、この男とは対照的だ。これらはすべて、横浜での生活からスケッチしたものだ。グレンガリー帽を被った紳士は完全に装いを新たにしており、いかにも完璧であり、誰が見てもヨーロッパ人と思うだろう。ポケットにアルバート型の鎖と時計を持っており、おそらく彼は横浜政庁のどこかに所属する役人だろう。次の人物は広縁中折れ帽をかぶり、靴を履いているが、この男の上端と下端は変わったが、中間はすべて日本風のままである。もう一人年輩の男をご覧になれるだろう。彼はインバネスコートを着ているが、今は冬であり、これは暖かい冬物の衣装である。ところが髪型は昔のモードのままだ。右端にいる人物は警察官である。当地の警官は軍服仕立ての小ざっぱりした黒の服装をしており、肩章はアメリカのものをモデルにしているようだ。帽子は、色は黒だが、明らかにインドのトピー帽を模倣したものである。前に述べたように、女の人たちにはまだ変化が表れていない。しかし、日本の上流階級に属するレディーたちの間では、ヨーロッパ女性の服装の秘訣について問い合わせをしているという噂がある。そしてもし、これまで起きたような驚くべき変化がさらに追求されるのであれば、日本女性の絵に描いたような美しい衣装の運命がどのようなものになるか、ほとんど疑う余地はない。今やイスタンブールのハーレムの間ではフランスのファッションが支配的だが、江戸も同様になるには時間はかからないだろう。

瀬戸内海を通過する際、汽船は神戸に寄港する。そこに上陸すると、大坂まで建設されようとしている新しい鉄道の路線が見えた。それは順調に進んでおり、今年中には開業の見通しである。この場所を歩くなかで、私は日本において進行する変化の時代を特徴的に示す画題に出会った。それは日本人が初めて靴を履こうとしているところの絵である。ある有名な東洋への旅人の話がある。彼はアラブ人、しかも教祖マホメットの信奉者になりすまそうとした。肌の色は黒っぽかった。熱帯の太陽が肌を焼き、カイロのバザールで買った衣装は、変装を完璧なものにした。アラビア語の知識は完全で、奇妙な喉音の発音はまったく見破られることはなかった。地位の違いに即した祈祷のすべてを、極めて仕来たり通りにやってのけた。マホメットの教理をじゅうぶんに理解し、どのような場合でもコーランからの適切な引用をすることができた。こうした状況から、見破られる心配はないと思っていた。ところがある日、あるアラブ人が彼の足指をさして、この人はフランク人であり、靴を履いていたに違いないと言った。そして自分の足を前に出し、そのアラブ人の言ったことが正しいことが証明された。靴を履いたことがない足は、足指が扇のように外側に広がっているのだ。ヨーロッパ人はすべて、履こうとする靴の窮屈さに合わせて、自分の足指を互い

「初めて履くブーツ」

に締めつける。この話は日本人が初めて靴を履かなければならない時の苦闘ぶりを思い起こさせる。彼は靴に馴れるまでに、足指に苦痛を感じなくてはならない。日本人の靴は、かれらが以前履いていたもののことを言っているのだが、靴というよりむしろクロッグ〔下駄〕もしくはパッテン〔木底靴〕といったものだ。それらは木で作られており、足を地面から二、三インチ高くするようにしてある。ストッキング〔足袋〕は、くるぶしまでようやくとどくだけだが、親指のところに別のスペースが作られている。これによってクロッグの紐が親指と次の指に通せるようになっている。紐は二つに分かれ、それぞれ足の両側に向かい、こうした単純な方法で、クロッグが履けるのである。ご覧のようにアラブ人の足指のように、「押し込めたり、閉じ込めたり、窮屈にしたり」しないのだ。この絵は今起こっている変化を示しており、結果として日本に新しい型の病気が入ってくることが容易に予言されるだろう。うおのめは確実に流行るだろう。

茶屋の夜と朝

画家・美食家の東海道の旅
江戸から京都へ

一八七二年五月の末近く、「フェリンギー」[44]と私は、日本の旧都、京都を訪れることに決めた。京都では博覧会が予定されており、六月中旬まで開催されることになっている。われわれは海に沿った街道である東海道を経由して陸上を行くことにした。そして時を逸することなく五月二九日を出発日とし、フェリンギーと私は横浜からおよそ十四マイルにある藤沢で合流することにした。

私は、人力車という一人か二人の車夫で曳かれる、一種の小さな幌屋根つきの乗物を雇い、夕方に藤沢に到着した。しかし事故がなかったわけではなく、山からの急な坂道を下った際に車夫が転び、私は彼の上に転げ落ちたが、怪我はなかった。その日の午後は雨模様で、濡れた上着を脱ぎ、日本式の浴衣に着替えた。宿屋の

ザ・人力車

「お疲れでございましょう」

名前は「カメヤ」すなわち「亀の家」と言い、浴衣はブルーの地に白抜きで亀を描写した模様がなされ、その趣は楽しいものであった。畳の上に身を投げ出し、ミルクや砂糖が入っていないお茶をたくさん飲んだ。護衛する三人の武装した家来が入ってきて、われわれの前にひれ伏し、「大変お疲れでございましょう」と述べた。

丁重な挨拶に感謝すると、かれらは自分の部屋に引き下がった。夕食は、ヨーロッパ風の食料として持参した赤ワインと缶詰のスープ以外は、日本式で出された。優雅なお箸を使い、煮魚とご飯を手際よく食べた。その場で木綿の掛布団が畳の上に広げられ、その上に綿入れの厚手の寝巻きが毛布または上掛けとして敷かれた。ピンク色の縁取りをしたグリーンの蚊帳が寝床の上に吊るされ、枕は上掛けを巻き上げて好みの形にして作った。というのは、われわれは土地の習慣というものが好きであるにもしても、この国の枕にはとても耐えられないからだ。その拷問の道具は髪が乱れるのを防ぐために考案されたもので、日本人は自分の髪を毎日は整えることはせず、おそらく週に二度は髪結いのところに行くからだ。その間、男女ともに頭髪はきちんとしていなければならず、もしもわがヨーロッパ流の枕を使ったならば、乱れ髪になってしまうだろう。フェリンギー氏は三十マイルも乗ってきたというのに、かれの見事な会話力はまったく衰えをみせず、激しく降る雨の音を聞きながら眠りに落ちていった。

　翌朝は一種のバスケットというべき「駕籠」に乗ったが、旅人は自分の脚を一番楽な具合に折り曲げて座る。二人の男が肩に担いで運び、もう一人が援助して交代するのである。その朝は大磯という町で朝食をとったが、午後には晴れ上がってきた。宿屋の窓からは江の島を望む景色がたいへん素敵だ。波が海岸に向かって白い泡となって打ち砕かれ、太陽が波をきらきらと緑、灰、赤、紫と色々に輝かせる。大磯から小田原への道は美しく、前方には右手に箱根の山並み、その上に雪をかぶった富士が聳え立つ。左手には海、全行程が馬尾松《pinus massoniana》の並木道で、この優雅な松の木が頭上のアーチとなっている。小田原は城下町だが、われわれが着いた時には城は引き倒されるところであった。そこは素晴らしい場所で、天守閣からの眺めは絶景である。この町の店では大名の持ち物であった古い鎧兜、弓、刀、矢が非常に安い値段で売りに出されていた。日本の駐屯部隊は今やヨーロッパ式の服装で、元込め銃を使用しており、かつての武器はもはや必要がなくなった。

小田原は翌朝登った箱根道の麓にある。その道は火山岩の石の塊で舗装され、人間や馬が履くわらじによって磨かれたもので、歩くにはうんざりさせられる。登るにつれ空気がうれしいほどに爽やかになり、道はところによってかなり急峻だったが、まったく疲れを感じることはなかった。小さな清流がある「湯本」を右に見て過ぎ、

ザ・駕籠

急流にかかる橋を渡ると別の「湯本」にやってきた。そこではこの山で採れる木材で作った細工や玩具が売られており、われわれはこうした店が立ち並ぶいくつもの村を過ぎていった。この道を通る人は誰でも友達のために玩具や細工を買うのだから、箱根道の人々は良い商売をしている。そして今、小さいながら完璧な宿屋と庭で有名な「畑」に着いた。そのミニチュアの岩山、滝、灌木、花、石灯籠、そしてあの巨大な鯉、私は一八六一年に初めてこれらを知ったが、その時から少しも変っていない。夜になり、こうした面白い魚が眠りにつく時間になると、この家の人たちが廊下に集まって手を叩く。すると従順で老いた魚は岩の下の穴の中に入って行き、夜中は

箱根道

そこに隠れてしまう。宿屋の人が言うには、もしも夜中に穴の外にいる場合には、食べてしまうのだそうだ。

「畑」から箱根へは、骨の折れる道だが、巨大な杉の木の合間から垣間見える、過ぎてきた平野部の眺めは雄大である。頂上に着き、そこからは箱根の村に向かって下り道となる。その湖は海抜二〇〇〇フィートほどで、湖そのものは醜くむき出しの不毛の山に囲まれているが、晴れた日の日没には巨大な富士が見える。そしてすごく近くに見えるから、山が雪で覆われていればその印象は雄大だ。箱根は宿屋や飯屋がとりとめもなく集まった貧しい村だ。どの家も藁ぶき屋根である。夏には空気はいつでも爽やかで、多くのヨーロッパ人が避暑のた

箱根の湖〔芦ノ湖〕と富士山

めに数日あるいは数週間を過ごそうと、横浜からやってくる。

村を後にすると、五〇〇フィートの登りとなり、そこから向う側への下りが始まる。そこからのパノラマは壮大で、はるか下には今夜の目的地である沼津が緑の平野の中に見え、太平洋と山が遠く霞んで広がっている。箱根道の麓にある三島までの下りはすべて、藁ぶき屋根の家の多い村である。三島に着くと、宿屋の一軒に「外国人のホテル」（Hôtel des Étrangers）とフランス語で書かれた看板があり、これには驚いてしまった。

沼津にはその日の夕方遅く着いた。徳川一族の一家が住む城下町で、兵学校を設けてフランス式の教練が行われている。その夜この町で宿泊し、翌朝早く、「興津」に向けて出発した。雲一つない晴天で、富士はまさに荘厳な姿で、雪の稜線は何時にもまして雄大である。空気は同じ匂いが様々に満ちて、快いものではなかったが、それには断固として耐えた。明らかに終わりのない村、またはむしろ村の連続ともいうべき「原」は極めて単調で、特に竹を編んだ垣根が延々と続く。そしてついに「原」を後にして「柏原」で短時間を過ごした。そこはウナギが有名で、窓から見える富士の眺めを称えながら賞味した。富士の山は平原から立ち上がり、それを遮る山はなく、川の流れからはウナギが来るし、麓からはまさしくフジサンの最高の

柏原からの富士山

眺めである。

柏原から吉原まではわずかな距離で、吉原で朝食をとった。宿屋はたいへん清潔で、裏庭からは富士山の眺めが素晴らしかった。吉原を後にし、富士川を渡し舟で越える。電信が川を越えて伸びており、電線をひゅーひゅーと鳴らす風の音は快く、完全に風鳴琴である。向う岸にある富士川の村は、墨の材料石である赤瑪瑙や水晶が有名で、われわれはそのいくつかを買った。そして「餅」というケーキとお茶を飲んだ後、小道を登って「蒲原」で休憩をとった。それからいくつもの村が続いていたが、どの村も「蒲原」とそっくりのつくりで、住民はどこでも小麦を刻んでいる。少なくとも一〇以上の村が続いていたに違いないが、ようやく終点となり、退屈も終わった。連なっていた集落から抜け出し、「倉沢」という断崖の上に立つ絵のように美しい小さなところで休憩した。海を見下ろし、海の上に富士山がヴィーナスのように立ち上がる。そこでは日本語で「あわび」と呼ばれるなまこ（bêche-de-mer）を食べた。われわれは、うまい物をなんでも食べてみようと決心したのだ。女中さんが独特の鼻声で招き入れたが、それはたいへん愉快だった。飯屋の老婦人が扇子を持ってきたが、それは私が五年前に彼女に書いてあげたものだった。

今や道は海岸沿いに行き、電信柱が立つ。橋を渡り、太陽が山々の背後に沈むころ、絵にかいたような特段に美しい町「興津」に着いた。この町は海岸に位置しており、「興津鯛」と呼ばれる美味しい魚が有名である。この魚はピンク色で、顔の表情は恐ろしいが、それにもかかわらず食べてみた。宿屋はたいへん素敵で、その晩はここで泊まり、翌日、徳川の大きな町である静岡に向かった。その町にはかつての大君（その称号は Taïkun または Taicoon と綴られる）が居住していた。午前中は雨降りだったため、油紙で雨除けした人力車に乗り込んだ。景色はあまりよく見えなかったが、静岡の近郊には見るべき景色は少なく、たいしたことはなかった。町の通りは非常に広い。外国の物を売っている店がたくさんあり、ブーツ、雨傘、そしてヨーロッパ産を真似て作られた日本趣味のテーブルや椅子、ポケットブックや強い酒などが売られている。私は一杯の「バスビール」〔イギリスのBass Charrington社製のビール〕を楽しく飲んだが、非常に気分がさわやかだった。町の終点にいくつか大きな飯屋があり、そこの美味しい物は、安倍川に因んで名づけられた「安倍川餅」というお菓子だ。また店では、この川で採れるという珍しい石をいくつか見せてくれた。

橋を渡り、「とろろ」で有名な「鞠子」に着いた。それは酔っ払いそうに美味い食べ物で、ネズ（**Jeniper**）を強くかき混ぜた、どろっとしたものだ。われわれはこの灌木の独特の性質を知らず、とろろ汁を二杯も飲んだ。すると突然、自分たちがたいへん陽気な調子で色々な話題で、特に人間の再生とか、モハメット教の高尚さ、などということを喋り出していることに気づいた。事実、奇妙に活気づいていた。

朝食が美味しく、メニューは次のようなものだ。

きしゃく　野菜の食べ物

しらす　白い小魚の一種、それに「おつけ」という薄いスープ、

さらに「おひら」という濃いスープ

シイタケ　キノコ

タマゴ　卵

きしゃ　白い小魚、「たつのうお」もしくは「おむら」という
賞賛に値する美味しい魚を巻き上げたもの

部屋のスライドする紙製の戸〔襖〕に書かれた絵は見事で、最初の戸には芽吹きの竹、二番目にはオオバコ、三番目にはヤシ〔キャベツヤシ〕、そして四番目には満開の梅の木が描かれている。これらは達人技の芸術的な一筆書きで、墨で描かれたものだ。別の部屋には、中国風の絵が含まれていた。あごひげを生やした老人がカード遊びに興じている図、久しぶりに再会する者、岩にもたれかかっている老人、などの絵である。この近郊では大きなサイズのシダが生えており、その茎からはいろいろな種類の飾り物、籠、箸、手拭い掛けなどが作られる。また巨大なシダは、山麓をたいへん美しいものにしており、景色そのものが素晴らしい。

鞠子を後にすると道は極めて急峻になったが、とろろ汁のおかげで、家来たちがまるで蒸気機関のように息を切らし、殺してしまうくらいのペースで登った。そのため頂上で彼らを休憩させなければならなかった。「岡部」を過ぎるころ、たいへん美しい雄鶏に驚かされた。羽毛がゴージャスで、尻尾で庭を掃いていた。そこから藤枝までは、景色は徐々に綺麗ではなくなっていった。

藤枝は一本の長い通りがあり、電信の線がここで終わっていたが、電信柱はすべて立てられている。人力車に乗り込み、島田までの松並木道を通って行った。「島田」というのは、娘たちの独特の髪結い型の名前で、江戸およびその周辺諸国でおおいに流行っている。江戸で最初にそのヘアスタイルを装った娘は、たいへん美しいが、モラル面ではそこそこという事実からすると、彼女は島田生まれである。この「大井川」は、雨のシーズンには大勢の男たちが急流に流されないように肩を組んで運ぶ輦台に乗せられて渡る。これは日本人の画家たちが好んで描く題材だが、

その時は水位が低く、渡し舟で横切り、高い山の麓にある美しい町「金谷」に上陸した。そこでは電信の線を設置しているヨーロッパ人の姿が見えた。高い山の頂上からは金谷を見下ろし、そして蒲原方面の眺めがよく、海も見えた。四八度もの急坂を降り、そしてすぐにさらに物凄い道を登らなければならなかった。その頂上には何軒かの大きな露店の休憩茶

店があり、「飴餅」というお菓子があり、息を切らした旅人を喜ばせるものだ。向う側には、「無間山」と呼ばれる銀鉱山がある。ここからは道は平坦になり、正午には掛川に着いた。

この町は私にとって大いに興味があるところだ。なぜなら数年前、私と友人(45)〔アーネスト・サトウ〕が一緒に泊まっていた宿屋で午前一時に襲われたからだ。襲撃した男どもは刀を持ち、宿屋の正面の木戸を打ち破って入ってきた。騒ぎを聞いた宿屋の人が駆けつけ、私は彼らに加わって通りの奥の家に隠れた。誰かが私を呼ぶ声が聞こえ、隠れ場所から飛び出したが、そこで武装した二人の男に出くわした。片手に抜き身の刀、もう一方にランタンをもち、刀を振り上げていた。私はかれらの意図は敵愾心であると考え、回転式連発拳銃を見せた。突然、かれらはわれわれを守る護衛であることが分かり、恐怖は喜びに変わった。護衛たちが友人に怪我はなく、暗殺者と思われる男たちは逃走し、かれらのうちの一人は酷く負傷したことを教えてくれた。宿屋に入ると、その現場はこの不時の出来事により大修繕が必要であることを見せつけていた。蚊帳はずたずたに引き裂かれ、戸や障子は散乱していた。鉄のヘルメットをかぶった一群の武士たちが勢ぞろいし、抜き身の刀を拭っていた。その中央には私の仲間が片手に騎士の剣を持っていた。その辺り全体が油のランプで照らされていた。勝利を祝って宴会が準備され、その夜は流血の物語をめぐる談話で過ごした。そして早起きの雄鶏の鳴き声は気持ちよかったし、夜明けの最初の光が差したことがなんと有難かったことか。翌日は敵たちとの談判で過ごし、結局悪漢たちの二人が掛川の大名に引き渡され、われわれの行列は、護衛に守られてこの町を後にすることが許された。囚人の二人は江戸に送られ、一人は斬首され、もう一人はほとんど手当がなされないまま死亡した。

宿屋の人たちは、ふたたび私を見るのを喜んでいた。かれらによると宿屋の屋根は、昨年夏の台風の時に吹き飛ばされてしまったそうだ。そこで一時間過ごし、真昼の食事を済ませて、「袋井」に向けて乗っていった。そこからは素敵な店がある小さな町「見附」まで歩いて行った。そこで駕籠を雇い、東海道を離れて近道をとり、ドジョウで有名な「池田」に向けて田園のなかを横切っていった。この辺りはまったく平坦で、「天竜」と呼ばれる大きな川を渡し舟で越えなければならない。川を渡る前に、ドジョウを食べてみたが、それはたいへん美味かった。しかしフェリンギー氏は、それにはあまり感動しない様子だった。「ドジョウ家」を後にして石ころだらけの川床を、船着き場までの長い距離を歩いて行った。渡し舟に乗り込むと、静かに滑るように流れる広い川は見ていてたいへんに気持ちがよかった。景色は雄大ではないが、静かで美しかった。それは夕方であった。向う岸では、船役人の出迎えを受け、かれはわれわれの前で封建時代のスタイルでひれ伏した。駕籠に乗り込み、そしてこの光景をすっかり楽しんだものだ。

両側を素晴らしい松の木が並ぶ平坦な道だ。日没近く、労働者たちが仕事から帰ってくるところで、浜松の町に入ったのは夕暮れ時であった。浜松は古風で面白い家、突き出た屋根、曲がりくねった通り、そしてあちこちにホタルのような灯篭が点在している。

通りから通りへとぐるぐる回っている

渡し舟

うちに、宿屋に着くまでの時間が果てしなく続くように感じられた。そしてとうとう宿屋に着いたが、自分の荷物よりも早く到着したことに気づいた。思い違いをしていたのかもしれないが、説明することもできない。喉が渇き、赤ワインが恋しかった。宿の人に鶏を料理してくれるよう頼むと、鶏を細切れにして、深鍋で調理してくれた。荷物は夜の十時半過ぎになってようやく到着した。赤ワインのボトルを心底抱きしめ、マトンの缶詰を一つ空にしてしまった。通りでは歌で大はしゃぎ、隣の宿屋ではぺちゃくちゃお喋り、そして隣の家には酔っ払いの男で、朝まで眠れなかった。

長く暑い砂の道を「舞阪」まで行き、

舞阪

そこから「荒居」まで湾を渡っていくことになる。周辺はすべて収穫の時期であった。蓆の帆を掛けた小舟で渡る。休日のために町は旗で飾られている。大君の治世の時代には、荒居には直轄番所があり、江戸に向かう人々は調べを受け、髪が長いと婦人であると疑われ、そこから戻された。それは大名の妻たちは、江戸に強制的に滞在している主人に会いに行くことが決してできないようにするためである。今はこの関所はすべての柵とともに取り払われている。荒居の人々は封建的で、たくさんのお辞儀をして迎えてくれた。ここの美味いものは、トリ貝、ウナギ、そして「クロダイ」と呼ばれる魚である。ここでトリ貝をあまりに

荒居

たくさん食べすぎて消化不良をおこし、その日の午後はそれまでのような楽しい旅にはならなかった。高い山を登らなければならず、それが嫌だった。頂上で恐ろしいほどの量の水とお茶をがぶがぶ飲んだ。海の眺めが素敵だったが、「白須賀」に着くまでは、トリ貝のことが頭から離れず、憂鬱な気分と悪夢のなかで旅を続けることになった。われわれはそこで貧弱な駕籠に乗り、道は「二川」まで高い大地の上の松並木のなかを進んだ。そこからは城下町の「吉田」まで歩いて行った。吉田は美味しい食事と、お歯黒の乙女たちで有名である。町は広い川の岸の上に心地よく位置しており、城郭が川面に写り、長い木の橋がかかっている。ある店で、「All kind of drinks」と英語で書かれているのを見つけた。トリ貝の影響がまだ残っており、ひどく喉が渇き、顔も青ざめていた。エール〔ビール〕がのどの渇きを癒してくれる唯一の飲み物だった。フェリンギー氏と私は一パイントを分け合って飲んだが、その効き目は魔術的で、症状はたちまち消え、生まれ変わったようになった。ここでは荷車が駕籠や人力車にとって代わっている。駅舎で荷車に乗ってみたが、がたがたと行きはしたが、大いに楽しんだ。

　町を通り過ぎて行くと、西洋式に建てられたと称する家を見て感心してしまった。それは何とも奇妙としか言いようがなく、少しもヨーロッパ風の家ではなかった。

橋を渡り、町のはずれでは城郭の眺めが絶景で、城門は絵にかいたような美しさだ。日が沈みかけており、その光景にはうっとりさせられた。向う側で荷車を乗り換えたが、われわれが乗った荷車は女性が引いており、彼女たちは絶え間なくお喋りをしていた。そして今、「御油」に着いた。もう夜になり、沢山のホタルが舞い、乗っている時間はたいへん楽しかった。御油から「赤坂」までの二マイルは、松並木の道を歩いていかなければなかった。道の終点では、護衛たちと宿屋の主人が提灯をもって出迎えてくれた。その夜はうすら寒く、到着したのは夜の十時だったが、残念ではなかった。いつものように熱い風呂に入り、夕食を注文した。宿屋の大きさと清潔さ、そして襖に描かれた虎の絵の見事さには畏れ入ってしまった。

赤坂を後に、道は際立って美しく、山が多く森林が豊富な一帯であった。ある村に来ると、いろいろな大きさの奇想天外な形をした乾燥ヒョウタンが売られていた。それらは飲料用の容器やボトルとして使用されるものである。その日は曇りで、寒かった。長州の侯に出会ったが、かれもまた歩いており、黒いへり飾りの帽子をかぶっていたが、目立つ外国人に対して帽子を脱いだ。

「藤川」を過ぎると、「岡崎」の町に入る前に、松の木の上空に城郭が見えた。ある村にやってきたが、そこではどの店も手拭い以外は何も売られていない。日本の手拭いは非常に小さく、一般的に下層階級の人が頭にかぶるものである。岡崎は尾張地方の非常に大きな町だ。家並みは古風で面白い。巨大な紙製の鯉が、竿の先につりさげられているのには驚いた。風が吹くとこの魚を膨らまし、完全に泳いでいるような真似をする。おそらく少なくとも四十フィートもの長さがある。オランダ人が吹き込んだと思われる店が一軒あり、外国製品を売っているという。城郭と濠は巨大だが、かなり荒廃しているように見え、町を過ぎるのには時間がかかった。このあたりでは荷車の外側には様々な色の木綿地の奇抜な天幕が張られ、まったく絵にかいたような眺めだ。車によっては、頑丈な木の車輪を使っているが、一般的にはスポークが使われている。このあたりでの旅行はすべて荷車で行われ、どの町の入り口にもその駅舎がある。荷馬に乗るのは稀である。岡崎の町はずれには大きな川が流れており、新しい木の橋が架けられている。その橋のたもとで二人が乗れる荷車を見つけ、フェリンギー氏と私は仲良く一緒に乗り、「池鯉鮒」までの八マイルを乗っていった。この辺りは平坦で、土地は砂地で、収穫はかなり良い。横浜の料理人であるという酔っ払いが、うんざりさせられるほど無作法な態度を見せびらかし、仲良くしようと、訳のわからない言葉でしつこく言い寄ってきた。彼は兄弟や近縁者に対して、自分が英語を知っていることを分からせようとしたのだ。わが護衛がこの厄介な代物を黙らせた。われわれは雉を一羽買い、浴衣で有名な「有松」で買い物をするために暫し留まった。こうした浴衣というのは風呂に入る際に最も重要な着物であり、着脱が非常に簡単である。それを何枚か買い、駕籠に乗り込んだが、右手に〔今川〕義元の墓を通り過ぎた。義元は昔ここ〔桶狭間〕の戦で殺されたのだ。

「鳴海」を過ぎて「宮」に着くと、尾張地方の港があり、右手にはパゴダ〔塔〕のある壮大な寺院がある。橋を越え、「宮」に入ると、暗くなっていたため提灯を持った制服の役人の出迎えを受けた。宿屋では歓迎を受け、たちまち金銀線細工のあらゆる種類のヘアピン〔かんざし〕、団扇、その他の装身具を着けた人たちに取り囲まれた。そうした人たちだけに

荷車

取り囲まれたのならよかったのだが、不運にも、いろいろな形、大きさの数千匹もの虫がわれわれの心の平穏を台無しにした。虫どもは目、耳、鼻、手や足に入り込み、まったく酷い言葉を発せざるを得なかった。そのことを書くのは不可能であり、それ以外はすべて満足した。

江戸をとりまく八州を指す「関東」とは何事でも大きな違いがあり、われわれは今や京都をとりまく地方の特有の名前である「上方」にいるのである。その方言はたいへん楽しいもので、フェリンギー氏はすっかり驚いてしまった。既婚の婦人と乙女の髪型もやはり違いがあり、着物や帯の色は江戸よりもずっと派手だ。江戸では地味な色合いを好んで着ており、実際これらすべてが物珍しい魅力があり、楽しかった。

宿屋は二階建ての家で、周りはバルコニーで囲まれている。下では護衛たちが遊んでおり、浴室ではいつまでも風呂を楽しんでいる。台所では下男たちが、あっちこっちとせかせかと動き回ったり、手を鳴らして女中を呼んだり、忙しくしている。すべてが活気にあふれ、生き生きしている。畳の上にうずくまっていると、脚のついた小さな盆にのせられた夕食が運ばれてきた。陽気な女主人がご飯の入ったお櫃の後ろに座り、われわれがせっせと茶碗を空にするのを補給してくれる。食事を終えて、煙草に火をつけ、買ってきたつまらない物を調べてみた。女主人と会話をして、ようやく蚊帳の下の床に引き下がった。蚊帳は一般的に、そして特に日本では有難いものだ。

翌朝フェリンギー氏は日の出の時に、純粋なペルシャ語で女主人に対し“Saya y shumā Kum ne sheved”〔どうぞよろしく！〕と言った。私は“Kūda hafiz y shumā”〔さようなら〕と答えた。女主人は長い巻紙、扇子、硯石、そして筆をもってきて、絵をたくさん描いてほしいと頼みに来た。私がどれにもすべて描いてあげると、彼女はよろこんでいた。

十時頃までには尾張湾を渡らなければならず、荷物をまとめ、渡し舟に向けて送り出した。船の出発準備ができたことを知らされ、宿屋の主人たちにサヨナラを告げ、海に向かい、船に乗り込んだ。昨日までの長い旅の後だけに、船の屋根の上に座るのは、本当に気分がよかった。そよ風が木綿の白帆を膨らませる。水平線上のいくつかの筋雲から、明るく暖かい太陽が雄大な大海に光線を注ぐ。どこを見渡してもジャンク船や釣り船が点々としている。われわれの下には後甲板で屋根がけされた船室があり、床には厚手の木綿布が広げられて柔らかになっている。海上での十二時まで、冷たいご飯とおかずが入った横長の弁当箱と赤ワインのボトルが待ち遠しかった。靴とストッキングを脱ぎ、煙草に火をつけて自然をじっくりと観賞した。

「宮」が徐々に視界から遠ざかり、水平線上の小さな点になり、反対側の海岸には高い山が眼前に立ち上がってきた。護衛たちはこの付近にあるものすべてに興味津々で、船頭にたくさんの質問をしていた。事実かれらはわれわれ以上に興奮している様子で、まるで外国に行ったようにすべてが珍しかったようだ。でも私は完全に解っている。どの国にも地方の特色というものがあり、同じ国にあっても外国に行ったよりも印象的なものがあるものだ。中国人の顔は、最初の数日間はどの顔も同じように見えるが、実は非常に様々な顔つきをしている。それはわれわれも同様で、二人ともそれぞれ特定のタイプを持っているのだ。かれらにしてみれば、われわれは同じように見える。かつてマニラで思い出すことがあるが、奥地では平べったい鼻の住民ばかり見ていたが、町に戻ってくると、ちょう

尾張湾

どイギリス人の部隊の大勢の人間が上陸してくるのを見たが、かれらの鼻がなにか特別のものに思われた。それが巨大に見え、あまりにも大きく見えたので、私は思わず吹き出し大笑いしてしまった。

日食があり、バケツの水を使って観測しようと努力した。しかし水は安定せず、また蒼鉛磁石（bismuth compasses）も忘れてきてしまっていた。そこでわれわれは持ち前の六分儀を使って、月が頂点に入る時間を決定した。すなわち、右手を広げて親指の頂点を鼻に接触させ、次のような仮定を与えた。$\beta \times \alpha = \theta - \phi$ これを日誌に記録し、後甲板の上で、昼食をとることにした。横長の弁当箱には次のようなおかずが入っていた。

1. プディングのようなもの（柔らかい菓子）
2. 蒲鉾　魚を見事に刻んだものから作られる
3. 麩　これは知らない！　そば粉のプディング
4. ハス　ユリの根
5. タケノコ　竹の若い根っこ
6. 冷たい飯と卵焼きオムレツ

こうした楽しい食事のお相伴にあずかり、煙草の煙が渦巻く様を眺めながら、優雅な姿勢でもたれかかった。多くの漁夫たちが首まで海につかり、足を使って恐怖の！トリ貝を採っている。数百人もいる漁夫たちは大きな桶にしがみつき、収穫物をその中に入れる。われわれが向かう「桑名」はトリ貝とウナギで有名な町だ。有名なトリ貝の丸薬は、この面白い軟体動物を食べすぎて苦しんだ男によって発明されたに違いない。

桑名には午後三時に上陸した。町はかつて訪れた時からすっかり変わってしまい、通りにはほとんど誰もいないほどひどく荒廃していた。あの時は外国人を見ようとはるか遠くからやってきた大群衆が集まり、文字通り人は他人の頭の上を歩かなければならない有様だった。外国人が通る町は、どこでもそうだった。初期に日本を旅した外国人たちは、この国の人たちの大袈裟な行動を印象づけられた。桑名は活気が失せた町で、そこを抜け出し、陶器で有名な川岸で休めた時はほっとした。この辺りはすべて砂地で、流れている川はまわりの土地よりもずっと高く、ほとんどが砂で詰まっている。道はあまり面白いものではなく、この地方の輸送荷物を運ぶ大勢の苦力たちで溢れている。荷物の箱はすべて白の紋章が入った緑色の覆いが掛けられており、これらは江戸に向かう途上のミカドの女官たちのものであることが分かった。われわれは女性たちのすぐ後をついていった。その中の一人はたいへん美しく、フェリンギー氏は彼女にたまらないほどの恋に落ちたが、かれは自分の情熱をはっきり口にすることはなかった。それからは楽しい道端の休憩と行楽弁当を出す店に着いた。その家には裏の部屋があり、見下ろす庭には家の中を流れる細流があり、たいへん清々しい。池の中を二匹の大きな魚が泳ぎ、さらにたくさんの鯉、小さな雄鶏が魚を見ている風景は魅力的だ。

四日市で、宿が用意されていないことが分かったが、しばらく探した末に、二階建ての一軒を見つけた。その二階からじっと眺めていると、三羽のカラスと一羽のトンビが絶望的に遭遇した。カラスのほうがやすやすと勝利し、松の木の上にたかってカーカーと恐ろしい鳴き声をあげていた。頭のてっぺんが禿げた若い男が待ち構えていた。その夜は地元の人間たちが歌っているものと思われる、ギャーギャー騒ぐ声でまったく酷いことになった。四日市は、東海道のなかでその広さも長さも、珍しいほどに大きな町である。この町を後にしたときは、空は雲ひとつなく、うきうきさせるような陽気で、空を飛んでしまいたいような気分になった。日本で最も神聖な地位にあり、ここからは外国人が足を踏み入れることができない「伊勢」への道が分かれる場所で休憩した。街道の村は、「お節句」の祭りを祝う旗で飾られていた。松並木のなかを登っていくと、その静けさは恐ろしいほどであった。「庄野」

では、私は本物の美味しさに打ちのめされ、刻んだネギとさや状の唐辛子で味付けしたマカロニ〔蕎麦〕を、お椀で二杯も貪り食った。

荷車に乗って坂を上がり、城下町「亀山」に入った。円錐状の山の上に白壁の城が立ち、深緑の杉の木立を通して開けるその光景は、魅力的で芸術的な味わいがある。城はまだ残ってはいるが、革命時期にすっかり荒廃し、城門は取り壊されてしまっている。昼食を終え、ジグザグの険しい道を下って谷間に入っていった。急流のなかで土地の人間二人が釣りをしていた。太陽が焼けつくような暑さで、行く手に広がる光景は、右も左も山々と素晴らしいピークが聳え、絶景である。

谷間をさらに上がると、シャレー風の家が長く立ち並ぶ、絵に描いたように美しい村「関」に着いた。男の子供たちを祝うグレーや派手な色の旗が、薄汚れたような家々に反映して、いいコントラストになっている。宿屋は私がこれまで見たなかで一番大きく、また好奇心をそそった。その家は静まり返り、気味が悪く、またたいへん古く、幽霊屋敷のようだった。しばらくの間その家にとどまっていたが、やむなく去ることになった。そこは人生というものを夢に描いたような、ある種の場所であった。部屋の奥には、紙に虎の絵が描かれていたが、すくなくとも百年以上たつ古いものだ。この静かな大広間に住んでいる人間は二人の人間だけで、数年前には空威張りをするサムライたちのやかましい声が鳴り響いていたのだ。大名が廃止されて以降、大名行列がなくなり、その結果こうした大きな宿屋の存在意義はなくなった。優しい血の日本人は、今や二百人の家来ではなく、二人の召使をつれて旅をし、普通の宿屋に泊まり、セレモニー無しで済ますのである。これは画家の視点からすれば悲しいことである。封建制度は立憲君主制よりも、画家の鉛筆にとってはよりよい材料を提供してくれた。確かにかつては旧体制の下で斬られたりする場合もあったが、しかし今の時代にブロードクロスの服を着た男に殺されることを空想するよりも、当時のサムライたちの衣装を着た者に斬られることのほうがむしろ絵になるだろう。こんなことを考えるのは劇的でもなく、詩的でもなく、悲惨で、まったくつまらない。嫌悪感を引き起こすような、不名誉で、残虐な場面に不快感を覚えることになる。

こうした詩人の気分にすっかり浸ってしまい、旅を続けるのをやめて、この谷間に滞留することに決めた。伝令を遣わして荷物をストップさせ、「坂ノ下」という次の村で宿をとることにした。その宿屋には十五の大きな部屋があることを知った。坂を上り、山峡に入っていった。山の陰に太陽が沈む頃となり、歩を進めるごとに新たな美しい景観が現れた。巨岩を乗り越えて渦巻く流れ、木の葉の香り、山の空気、山を登るその時、ぎらぎらと暑い一日が終わったあとの蚊から解放されてとる夕食の楽しみ、これらの期待が合わさって最高に楽しい歩きであった。坂ノ下はわれわれの予想を越える村で、この前のよりもさらに絵にかいたような美しいところだった。宿屋は大きくて古風で面白い趣があり、幽霊屋敷のような風情があり、静かで古さがあった。

別の宿屋ではマドンナが現れ、活気づけられた。それほど古くはない宿屋にいたその女主人は、かつては小間使いの女中と呼ばれていた。低く甘い声で伏し目がちに、お茶を二つとお菓子の盆を置き、頭が畳につくまでに神々しくお辞儀をして退いた。われわれ詩人のような旅人は、熱い風呂に入り、ほどなく日本式の浴衣姿に着替えて現れ、この家屋敷を調べてみた。裏庭には大きな桜の木があり、食事部屋となった部屋からは、生い茂った山々が見え、一番高い山は、沈みゆく太陽の光の栄光で赤々と染まる雲に覆われていた。夕食では、マドンナが乙女のようにご飯のお櫃の向こうにお座りし、われわれが茶碗を空にするやいなやご飯をよそってくれるのである。彼女はつぶやくような言葉をだしてニジマスを出してくれたが、ほとんど話をしなかった。フェリンギー氏は「ハーフィズ」(Hâfiz)を引用して、もしもここで結婚できたらハネムーンのために坂ノ下に滞在したいと口に出したが、かれの告白は眉唾物だ。煙草に火をつけ、詩を書き、談話をしたが、およそ詩人にはならなかった。ここでは蚊帳は使用せず、これは気分がよかった。

山の中での夜明け、特にその日の夜明けはさらに賞賛すべきものがあった。頂上には真珠のような雲がまとわりついていた。空には乳白色の光を放つ太陽、ニジマスの住む渓流の音、雀のさえずる声が快い光景をかもしだしていた。木や花がたいへん美しく見え、私はその時以来、木を崇拝するようになった。蛇が逃げていった。夜明けはすぐに去り、日の光の前に、すべての詩的気分は消えた。この世のものとは思えない微妙ななにかに憧れるのはほんのひと時である。降りてきたワタリガラスのカーカー

給仕する女中とご飯のお櫃

鳴く声で、夢もすっかり消え失せてしまった。朝食をとり、ぶらぶらしながらまた煙草を吸った。宿屋を後にするとき、その正面玄関の竹を描いた彫り物に感心したが、それはこの宿屋の名前「大竹屋」〔本陣〕の大きな竹を表象するものだった。

道は美しい光景だったのだろうが、どこかの悪魔が木を切ってしまっていた。かなり急な坂道をあがると、その上は田んぼが広がっていた。空気が清々しく、「土山」〔原文では Seki Yama とあるが Tsuchi Yama であろう〕までの五マイルの歩きは浮き浮きした気分になった。土山は櫛や楊枝、彫り物をした髭剃りなどの木工品が多いところだ。川に架かった橋と「田村」の神社〔＊坂上田村麻呂を祀る古社〕は興味深かった。川の水はまったく透明で、神社は薄暗がりのなかにあった。このあたりから茶畑の地帯が始まり、四方八方から嘆き悲しむ調子で合唱する茶摘みの歌が聞こえた。

真昼にかけて太陽が頭上を熱く照らした。七マイル半を歩く間、日影になるところがまったくなく、「水口」の道端の茶屋で休めたのはうれしかった。水口は山藤のつづらから作ったあらゆる形をした葛籠細工をたくさん生産している町である。値段がいくらするのか、聞いてみた。この場所の建物は様々で、家々は塗装されていない木ではなく、主に漆喰が塗られていた。宿屋はたいへん清潔で、「鮎のムース」ではなく「鮎」を食べさせてくれたが、それは素晴らしい思い出だ。ここを後にするに、贅沢にも一人ひとり荷車に乗った。手動だが申し分なく、それに揺られながら進むのは絶妙で、北京の荷車ほどにまずまずの乗り心地であった。

このあたりの女性たちはこれまで見たタイプとはまったく違っている。彼女たちはまさしくラファエルの聖母マリアのようであるが、ただマドンナほど知性的でも、神々しくもない。「鵜飼」〔水口宿本陣と推定〕では砂利道を走らせたが、疾風で顔面が砂埃に見舞われた。太陽がぎらぎら輝き、両側に泥壁の田舎家が立ち並ぶ、嫌になるほどの真っ直ぐな道を進んだ。橋を渡って川を越えると、右手に奇妙な砂山がある。ここの面白いのは、土壌の工作物のような急峻な土手を上がると、その頂上は川床になっており、向こう側に向って同じように急な下り坂になっている。

町に到着し、靴を脱いで裸足で歩いたが、それはとてつもなく気持ちよかった。泥と藁で作った家々が立ち並ぶ村から村へと歩いて行ったが、子供たち以外の住民はすべて野良仕事にでていた。もっとも驚いたのは、子供たちがすべて、赤ん坊を含めて眉毛を剃ってしまっていることである。こんなことはこれまで見たことがなく、二度と見たくない、まったく不気味な姿であった。このような特別な容貌はいまだかつて見たことが無い。ハリー・パークス卿がこうしたことを問題としてまったく知らせなかったことを不思議に思うし、驚きでもある。私はもう立ち直ることができないほど、何も考えられなくなってしまった。ほんとうに顔が真っ青になるまで土壁の村を通り過ぎたことを覚えている。それから「モグサ」として知られる「艾」を売っている大きな二軒の家の前を通った。一軒は新入りの店で、巨大な文字で本家であることを印象づけているが、もう一軒の店は、さらに大きな文字で元祖である趣を示していた。

洪水を防ぐために四〇フィートの高さの堤防のある、木が生い茂った円錐形の丘の砂地を行った。三フィートの幅の流れがあり、この風変りな川床を渡ると、右手の下方には広々とした平野が広がっていた。〔天井川である旧草津川の地形をさす〕女性たちは誰もがマドンナのように見え、そして「草津」についた。そこではわれわれを特別に喜ばせるために、庭にホタルがいっぱい入った虫篭が置かれていた。どの店でも鞭や見事な飾りをつけた歩行用の杖を売っている。子供たちはちゃんと黒い眉毛をつけており、他のことは頭からすっかり忘れてしまったが、五マイルを荷車で行き、さらに二〇マイルを歩いたが、子供たちは誰でも眉毛があった！　これらのことを私は覚えている。

草津は京都に着く前の最後の宿泊地であった。西の京に近づくにつれ、この地方の方言は、より江戸の言葉に似てきた。翌朝草津の小さく素敵な町を出るときはどんよりと曇り、街道を右に曲がって町を離れていった。平野部をよぎっていく狭い道を進んだが、この道は大きな湖、琵琶湖の端となっている。田畑のなかでは馬を引いて耕しているが、土壌はひどい状態にあった。なにもかもがみすぼらしく見え、大麦とイグサが混ざり合った大きな畑がどこにでも広がっていた。背後には砂のような不毛な山々があり、向こう側には日本の歴史上有名な山「比叡山」がある。遠くには緑の山の麓に見え隠れしている「大津」の町が見える。二軒の土壁の田舎家に着くと、小さな入り江があり、二艘の渡し舟があった。田舎家の人たちは、荷物を船に乗せるまで一服して、お茶を飲んでいくように言った。ここで船に乗ることになるとは知らず、この入り江が最近掘られたことを教えられた。渡し舟に乗り込むと湖上ではすぐに強い風が吹き始め、帆を揚げると一時間半で大津に上陸した。赤いカーテンが掛けられた、小さな素敵なパヴィリオンが外国人用のホテルとして用意されており、その場所は完璧なものだった。昼食をとることになっていた日本式の宿屋まで、七マイルの清潔な道を歩いて行った。町は実に絵に描いたように美しかった。湖から採れる美味しい鯉や鱒を食べた。埃が舞うなか坂を上がり、道は山峡の中を巻いて行った。あちこちに地すべりを防ぐための足場が建てられている。このぞっとするような道は、牛車の車輪用に十分に仕上げられた花崗岩の砕石を敷いた二本のラインがあり、牛は真っ黒な色をした素晴らしい家畜である。荷車は大きなスポークの車輪のある車かもしくは、がっしりとした車だった。

「追分」を過ぎると煙管を売っている店や、鶏を象徴するシダを売っている店があったが、この植物の葉は礼儀正しいこの鳥の尻尾の役割を果たすのである。道はますます我慢のならないものになり、われわれは内心、破滅するにしても道路の建設者に委ねるしかない。雨が降り出し、道端の飯屋で休憩したが、そこでは陽気に賑わい、笑いが絶えなかった。通りがかった男は、ヨーロッパ風のフェルトの帽子、緑色の子供手袋、それにズボンなしの和服だったが、それは見事な出で立ちだった。

大津　琵琶湖

山を上り、再び下ると、大津の町に似た通りに着き、まもなく京都だろうと期待した。雨が本降りになり、何とも面白みのない通りだと思い、京都までどれくらいの距離か尋ねてみた。驚いたことに、「ここは京都ですよ」という答えであった。電信柱が緑と白で塗られているという事実以上に、あちこちの街灯の柱が緑で塗られていた。ヨーロッパ風の衣装を着た土地の男は、フェルトの帽子または白のキャップを被り、ズボンの折り返しのところを靴やすね当ての外側にかぶるようにして、文字通り逆さまのことをやっている。ここでは近隣の町となにも目立ったことがなかった。雨が激しくなってきたため、雨傘を買わなければならなかった。

道の両側に雄大な木が立ち並ぶ坂道を歩いて上がると、「知恩院」に着いた。入り口の門には、白い服を着た守衛がおり、「中村屋ホテルへの道(46)」と英語で書かれた、表裏に指で方向を示す掲示板があった。守衛は第五番目の僧侶の家まで就いてきたが、その家は貧相で活気がなく、雨がぱらぱらと降る音以外は、まったく静まり返っていた。場所を占めると、二人の白装束の僧侶が片付けをしていた。ほどなく博覧会のことで胸をふくらませた部局長が訪ねてきた。かれは費用のことを考えずにヨーロッパ風の服装をし、泥のついた靴で入ってきて、清潔な敷物を汚してしまった。われわれは日本式の服装をし、裸足でいたから、そのコントラストが愉快であった。

かれに煙草とワインを勧めると、両方とも受け入れた。一人のヨーロッパ人が入ってきて、パスポートを求めた。私は大英帝国を代表してきていると伝えると、かれは直ちに去った。われわれも同じように自信満々になっていたのだ。

熱いお湯の入った底の浅い浴槽が運ばれてきて、入浴し、快適になった。「中村屋ホテル」から来た召使たちは、サンダル履きで大きな洗面器を持ち、あっちこっち動き回っていた。すると椅子や蚊帳を運んできた他の同僚たちが、それを直ぐに吊るしたがった。さらには日本式の寝床、ヨーロッパ式のタオル、枕を運んできて引き下がった。例のヨーロッパ人が、ホテルでの食事をしたいか、あるいは送ってきた食料を食べるか、どちらのほうがいいか聞いてきた。かれにはごまかしの返事をして、結局出かけることに決め、清潔な服装に着替え、時代物の夕食をとることにした。こう決めたのは正解で、うれしいことに明るく照らし出された寺の部屋には、清潔なテーブルクロスを掛けた小さなテーブル、そしてあらゆる西洋文明の設備が用意されていた。きちんとした身なりをした外国人が新聞を読み、日本人の小僧たちが忙しく動き回り、襖を全部開ける。敷物のある大きな廊下からは、小さいながら素敵な日本庭園が見え、池には蛙がぐわっぐわっと鳴く。多くの友達が座り、初めての西洋料理を食べる。それからの十一日間そのように過ごしたわけだが、皿がかちゃかちゃ鳴る音、グラスを交わす音、そして楽しい談話をしながら時は流れ、遅い時間になって寝床に戻った。京都での最初の日であった。

ホテルの勘定の計算

日本の晩餐会 （京都祇園中村屋）
イラストレイテッド・ロンドン・ニュース 1874年1月3日号

「京都にいる日本人から、舞踏会の後の宴会に出席するよう誘われた。約束の夕方、出かける準備ができると、ほぼヨーロッパ風の服装をした主人役に先導されて、祇園街の上手にある中村屋という家に案内された。戸口の絨毯の上に並んだスリッパの列は、そこで靴を脱がなければならないことを示していた。床には絨毯が敷いてあり、ヨーロッパ式のテーブルが食堂の中央に置かれている。料理はロシア風である。洋風のランプと花束が部屋に楽しい趣向をこらしている。….」

今は亡きチャールズ・ワーグマン氏

ＩＬＮ　第二七一〇号　一八九一年三月二八日

遠き日本の港町、横浜において、本紙の元通信員が同地のイギリス居留民が見守るなかで亡くなったことを聞き、哀悼の意を表する。チャールズ・ワーグマン氏はきわめて有能な画家で、そのスケッチは本紙を賑わしてきた。ワーグマン氏は一八五七年、快速船アロー号事件によって起こったイギリスとの戦争の際に、イラストレイテッド・ロンドン・ニュースのために中国に赴いた。広東での襲撃の場に居合わせ、香港に滞在し、マニラにも遠征した。さらに一八六〇年にはイギリス・フランスの連合軍遠征隊に従軍して北京に赴いた。その後いったん帰国したが、すぐ

に日本に向かい、写真家ベアト氏と知り合った。そして一八六一年七月、かの水戸派の浪人による残忍な襲撃があった時、イギリス公使館の同居人たちが被った危難を分かち合うことになった。

彼は長年にわたり、日本における諸事件を描いた挿絵をたくさん本紙に寄せた。そのなかには一八六四年のイギリス海軍による下関砲撃の光景がいくつかあった。一八六三年から一八八六年までワーグマン氏は月刊の大衆漫画誌「ジャパン・パンチ」の発行に携わったが、この雑誌は極東における全ヨーロッパ人居留民の間で、大歓迎を受けた。一八六八年には、ミカドの王政復古に先立つ内戦によって混乱していた日本国内を、アーネスト・サトウ氏と一緒に旅行した。日本人の生活や性格について彼以上に精通し、また過去三〇年間、かの国に起こった変化についてより完全な個人的記憶を持つ者は誰もいないだろう。二月八日、彼は三年間精神的機能を患った後、死去した。彼は一八三二年八月三一日、ロンドンで生まれた。

この肖像は、彼の弟、T・ブレイク・ワーグマン氏が描いた素描から複製したものである。

訳註

初めての日本

ワーグマンは、一八五七年イラストレイテッド・ロンドン・ニュースの特派画家兼記者として広東に赴き、以後香港に滞在、広東を中心に中国各地で取材活動に従事した。一八六〇年九月の英仏連合軍の北京占領に同行するなど、イギリスと中国との戦争、条約締結など重大な局面を目撃した。一八六一年四月二五日、P・&オリエンタル会社の定期便で初めて長崎に来航した。これより一八九一年横浜で死去するまで、一時帰国をはさんで三〇年の年月を日本で過ごすことになる。

一八六一年日本内地の旅行

（1）一八五九年江戸に着任したイギリス公使オールコックは、翌一八六〇年陸上を行く初めての内地旅行を行った。西洋人として初めて富士登山を果たし、下山後熱海温泉に滞在した。それに続くこの二回目の内地旅行は、長崎から九州を横断、瀬戸内海、兵庫、大坂、奈良、伊勢、東海道を行く旅行で、日英修好通商条約に規定された外交代表の自由な国内旅行の権利を行使し、封建制度の下での支配関係、国民の知性の程度、都市と農村の実情などを調査するためであった。オールコックほか外国人五名、家来や召使を従えた役人、荷馬、駕籠、運搬人、御目付役、その供揃いの総勢五〇〜六〇名からなる騎馬行列で、一八六一年六月一日、長崎出島を出発した。

旅行の一行

オールコック（Rutherford Alcock. 1809-1897）イギリス特命全権公使。ロンドン近郊のイーリングで開業医の子として生まれ、軍医の後、一八四四年から外交官として福州、上海、広東に在勤。一八五九年七月英国総領事として江戸に着任、東禅寺に公使館を開設。日英修好通商条約の批准、開港開市問題などに取り組む。滞日外交団の主導権を握り、六四年には四国連合艦隊の下関攻撃を行い、攘夷の急先鋒であった長州藩を屈服させた。六五年から中国公使。主著に「大君の都」。

デ・ウィット（Jan Karel de Wit）オランダ総領事。一八六〇年蘭領東インド総督より初代駐日総領事の任命を受け来日。長崎出島に拠点を置き、江戸では芝長応寺を宿寺とした。着任後まもなく、オールコックの長崎から江戸への旅行の一行に加わった。

ガワー（Abel Anthony James Gower. ?-1899）オールコックの江戸着任とともに一等補助官として来日。後に会計官を兼任した。一八六〇年オールコックの富士登山にも同行し、「大君の都」の挿絵「小田原への川を渡る」や「フジヤマへの登り」を描いている。長崎からの内地旅行では持参したカメラで各地を撮影したといわれる。六三年の薩英戦争では旗艦ユーリアラス号に搭乗した。

モリソン（George Staunton Morrison. ?-1893）。在長崎イギリス領事。宣教師・東洋学者ロバート・モリソンの子。一八五九年に長崎領事として来日、オールコックの旅行に参加し、東禅寺事件で負傷して帰国。長崎在勤中は外国人居留地の設定に関わる交渉に本格的に取り組み、後の大浦居留地、山手居留地の原型を形作った。

ワーグマン（Chales Wirgman）オールコック著「大君の都」（岩波文庫）には、「画家（ワーグマン）は、『ロンドン画報』に関係していた。イギリスの公衆に日本をよりよく知らせるという大変望ましい目的のためにも、最良の方法だと考えて、躊躇せずにかれを一行に加えることにした。植物学者もひとり加えたかったのだが、あいにくその一、二週間後には三人も到着したというのに、出発のころにはだれも近くに居合わせていなかった。・・・日本側の護衛・役人・目付・通訳・『役人の役人』・『従僕の従僕』などが数知れぬほど集まった」とある。

日本人役人五名、通訳二名　役人頭に長崎奉行支配調役、寺崎助一郎、田中廉太夫、通訳に蘭通詞、西慶太郎、英通詞、堀一郎、荒木富三（西岡淑雄「奈良・京都におけるワーグマン」英学史研究第一七号より）

（2）**道端の宿屋**　日見宿（天領）と日見峠の道の描写がされている。現在、長崎市。

（3）**矢上**　矢上宿（佐賀鍋島藩諫早領）。現在、長崎市矢上町。トゥンベリーの「日本紀行」でも、宿の主人らから「経験したことがないような慇懃な態度で遇された」と記されている。

（4）**諫早**　佐賀藩諫早領の永昌宿。本陣は安勝寺。現在、長崎県諫早市。

（5）**大村地方を見おろすところ**　佐賀藩諫早領鈴田峠から大村への道。この地の長崎街道は文化庁から「歴史の道百選」に選定されている。

（6）**火縄銃をもった護衛兵**　大村藩では江戸時代初期から下級武士の末子を取り立てた火縄銃組を組織し、諫早に備える「鈴田組」や唐津口の抑えとする「江ノ串組」という鉄砲隊を領内に配備していた。

（7）**道端に数えきれないほどの墓地**　長崎県大村市の通称「町墓」と呼ばれる街道に面した墓所と推定される。

（8）**巨大なマツの並木道**　大村市松並にあった松並木。明暦から万治年間に起きた「郡崩れ」で処刑されたキリシタンが晒された地でもある。

（9）**ケンプファーのクスノキ**　ケンプファー（ケンペル Engelbert Kaempfer, 1651-1716）ドイツの医者、博物学者。オランダ東インド会社の医師として一六九〇年（元禄三）長崎に来航。滞日二年間で商館長の江戸参府に二度加わり、五代将軍綱吉に謁見。日本の地理、歴史、風俗、習慣、動植物、鉱物など総合的な研究を行った。没後その遺稿をもとに、ショイヒツァーの編訳による The History of Japan が一七二七年ロンドンで出版された。

「ケンプファーのクスノキ」は一六九一年の江戸参府の途上で見つけた。後に一八二三年シーボルトの江戸参府の際の実測によれば、周囲一六m余、直径五m余。現在の長崎県東彼杵郡東彼杵町大楠にあったが、明治年間に樟脳の原料にするために切り倒された。

（10）**木の門と番所**　長崎街道にあった佐賀蓮池藩管理の「俵坂口留め番所」。現在、国道三四号線近くに「俵坂関所遺跡」の石碑がある。

（11）**嬉野の温泉**　佐賀蓮池藩の運営する浴場と多くの旅籠があった。三二一頁にあるワーグマンの絵には、藩営浴場と脇本陣「大村屋」の建物、嬉野川の風景が描かれている。この温泉については、ケンプファー、トゥンベリ、シーボルトも詳述している。公衆浴場は、平成年間に住民の要望により復活され、現在、嬉野市営の施設「シーボルトの湯」がある。

（12）**武雄の温泉**　「肥前風土記」にも記された古い温泉。江戸時代には大衆浴場のほかに、「殿様湯」などの豪華な浴室も造られた。なお、三二一頁にある挿絵（イラストレイテッド・ロンドン・ニュースより）のタイトルが「武雄の硫黄温泉」（The Hot Sulphur Bath at Takiwa）と書かれているが、この絵は正しくは、嬉野温泉の風景を描いたものである。

（13）**日本使節団の随行員**　江戸幕府が一八五八（安政五）年にオランダ、フランス、イギリス、プロイセン、ポルトガルと締結した修好通商条約による両港（新潟、兵庫）および両都（江戸、大坂）を開くことについてその延期交渉と、ロシアとの樺太国境画定交渉のために、一八六二（文久元）年に派遣した最初の遣欧使節。正使、竹内下野守保徳。賜暇帰国中のオールコックの協力を得て、日本国内の事情を鑑み、開港開市を五年延期するロンドン覚書が調印された。使節団はこの時開催されたロンドン万国博覧会の会場を訪れ、見学した。イラストレイテッド・ロンドン・ニュースの記事は、この時の随行員の姿を報じている。そのなかには、福地源一郎、福沢諭吉、箕作秋坪、松木弘安らの他、オールコックに同行しロンドンで合流した森山多吉郎もいた。

(14) **大坂の植物園や大寺院を見学する水上の小旅行**　オールコック著「大君の都」の原書、第二巻の折込み地図には、大坂滞在二日目の水上旅行の行き先と推定される場所として、現在の天保山が位置する辺りにGreat Temple and Groundsと記されている。「大君の都」では、役人に案内された「大寺院」とは、「大きな中庭を囲んで建物がいくつかあり、中央には朽ちかけたような四角の塔が一基あるだけで、・・・途方もない無益な遠出にわれわれをだましてつれてきた案内たちにいまいましい思いをぶちまけてから、塔の頂上から大坂とその近郊がよく見えるのではないか、そうすれば疲れただけのかいはあるものだ、とだれかが考えついた」とある。

(15) **宿泊のお寺**　前註の同じ折込み地図には、オールコック一行が宿泊した場所として、四天王寺が位置する寺院が記され、**Temple occupied by Her Majesty's Minister in 1861**「一八六一年英国公使が滞在した寺」とある。

(16) 奈良からは、伊賀奈良街道を梅谷、高田を超えて加茂に至り、木津川の対岸に渡って、川岸を笠置に進んでいる。

(17) **佐那具**　宿泊した宿場は島ヶ原（現在、三重県伊賀上野市）。旧本陣の岩佐屋からの古文書「島ヶ原村本陣御茶屋文書」（島ヶ原村郷土史研究会編　一九八七年発行）の「文久元年イギリス初代駐日公使ラザフォード・オールコックの嶋ヶ原本陣宿泊の記録」で判明。外国人六人、付添役人など七五人、人足二五〇人、「右之通り異国人通行相成御公役御道々御通行被為遊候嶋ケ原宿より佐那具宿継立相成、・・」とあり、セラヌイ（Seranyi）の地名は、馬継をした宿場「佐那具」であると解明されている。

（西岡淑雄「奈良・京都におけるワーグマン」英学史研究第一七号）

日本の政治情勢

(18) **江戸のイギリス公使館**　初代駐日英国公使ラザフォード・オールコックは、一八五九年、日本駐在のイギリス総領事に任命され、七月江戸に着任。品川の東禅寺に外交官として最初に江戸に居住した。現在、東京都港区高輪にある臨済宗妙心寺派の別格本山。詳名は海上 禅林佛日山東禅興聖禅寺。江戸四箇寺の一つ。

(19) **イギリス公使館襲撃事件**（東禅寺事件）オールコック一行が、長崎からの旅行を終えて江戸に帰着した翌日（一八六一年七月五日、文久元年五月二八日）、水戸藩脱藩の攘夷派浪士、有賀半弥ら一四名が東禅寺のイギリス公使館を襲撃した事件。書記官ローレンス・オリファントと旅行に同行した長崎駐在領事モリソンが負傷した。事件後オールコックは幕府に対し厳重に抗議し、イギリス水兵の公使館駐屯、日本側警備の増強、賠償金一万ドルの条件で解決した。

(20) **オリファント氏**（Lawrence Oliphant. 1829-1888）イギリスの旅行家、著述家、外交官。一八五八年、日英修好通商条約の締結交渉のエルギン卿使節に随行して来日。その時の見聞をまとめた **Narrative of the Earl of Elgin's Mission to China and Japan in Years 1857,58,59** をイギリスで出版。この書は、使節記録および、日本文化、歴史、政治、経済、社会、風俗など多面的に叙述しており、後のイギリス外交官アーネスト・サトウに来日の希望を促す書となった。東禅寺事件で重傷を負い、帰国して外務省を退き、一八六五年には下院議員になった。

（21）**領事ヴァイズ**（Francis Howard Vyse 生没年不詳）一八五九年江戸のイギリス公使館開設の時に、総領事オールコックの次席として来日。到着直後、開港地神奈川での領事業務を命じられ、旧神奈川宿の青木町浄竜寺を拠点とし、一八六〇（万延元）年正式に神奈川領事に就任した。外国人殺傷事件が連続して起こり、神奈川奉行に対し横浜の警備体制強化を強く要求した。

（22）**ド・ベルクール氏**（Gustave Duchesne de Bellecourt. 1817-1881）初代駐日フランス全権公使。日本、中国との条約締結をめざすグロ男爵使節団に随行して一八五八年に来日、日仏修好通商条約の締結に臨んだ。翌五九年に再来日し、三田の済海寺に公館を置いた。六〇年に代理公使、六一年に全権公使に昇任。オールコックが賜暇帰国中におきた生麦事件、薩英戦争による日英関係が紛糾した際には、幕府を援助し、調停役を果たした。

（23）**生麦事件**　一八六二年九月一四日（文久二年八月二一日）、幕政改革を施行した薩摩藩主島津久光が江戸からの帰途、横浜付近の生麦村を通過の際、騎馬のイギリス人四名が行列を乱したとの理由で、薩摩藩士が商人リチャードソンを斬殺し、二人を負傷させた。イギリスは幕府、薩摩藩に対し犯人の処罰と賠償金支払いを要求。幕府は十万ポンドの賠償金を支払ったが、薩摩藩はこれを拒否、翌年イギリス艦隊が鹿児島を報復攻撃。その後薩摩藩は開国、対英接近の方針に転じた。

(24) **ジョン・ニール**（Edward St. John Neale. ?-1866）インドのマドラス最高裁判所判事であった父の子として生まれ、スペイン、セルビア、ギリシアなどで武官や領事を務めた。一八六二年オールコックの賜暇帰国の際に駐日公使館付書記官として来日、臨時代理公使に就任した。第二次東禅寺事件、生麦事件、御殿山公使館の焼き討ち事件に遭遇、六三年の薩英戦争では自ら軍艦に乗り込んで参戦した。

(25) **ヘボン博士**（James Curtis Hepburn, 1815-1911）。アメリカ長老派教会の宣教師。一八五九年来日、神奈川成仏寺本堂に居を定め、六一年宗興寺に施療所を開設。六六年「和英語林集成」を完成させ、七四年には横浜指路教会の前身である横浜第一長老公会を設立した。

(26) **エルギン卿**（James Bruce Elgin. 1811-1863）イギリスの外交官。一八五六年広東でアロー号事件が発生、特派使節として清国に派遣され、五八年に天津条約を締結。同年日米通商条約締結をうけて、遣日使節に任命され、八月品川に来航、日英修好通商条約の締結に成功した。

(27) **提督**〔キューパー〕（Sir Augustus Leopold Kuper. 1809-1885）イギリスで牧師の子として生まれ、一八二三年海軍に入り、各地を転戦。アヘン戦争勃発時に舟山、広東に出撃した。一八六一年海軍少将に昇進し、東インドシナ艦隊司令官ホープの指揮下で太平天国の乱の鎮圧に参加した。一八六二年横浜に来航、生麦事件の解決のため本国の命令を待ち、薩英戦争で鹿児島を砲撃、さらに四国連合艦隊総司令官として下関を攻撃し、長州藩を屈服させた。

(28) **B氏**(フェリックス・ベアト Felix Beato. 1825-1904)イギリス人写真家。ヴェネツィアに生まれ、クリミア戦争を取材した写真の展覧会をロンドンで開催して成功。一八五六年イギリスに帰化して、国籍を得た。第二次アヘン戦争時に中国に赴き、北京でワーグマンと知り合い、英仏連合軍に同行したと推定される。一八六二年頃来日し、ワーグマンと共に横浜居留地二四番にスタジオを開設。夫々の絵と写真、新聞記事で日本情報を提供した。六九年独立して横浜海岸通り一七番にベアト写真館を設立。繁盛したが七七年にスチイルフリードに譲渡し、実業界に転じた。ワーグマンとは積極的に撮影・スケッチ旅行に同行した。

(29) **長州藩による外国船砲撃** 攘夷運動の中心的存在であった長州藩は、馬関海峡(下関海峡)に砲台を整備。守備隊、イギリスから購入した帆走軍艦、蒸気艦各二隻を配備し、海峡封鎖の態勢をとった。一八六三年六月(文久三年五月)、アメリカ商船ペムブロウク号、次いでフランス通報艦キャンシャン号(水兵四人が死亡)、さらにオランダ艦隊所属のメデューサ号に砲撃を加えた。翌七月アメリカ軍艦ワイオミング号が報復攻撃を行い、長州藩の軍艦を撃沈させた。さらにフランス艦隊セミラミス号とタンクレード号の大型艦が砲台を攻撃占拠し、民家を焼き払った。

(30) **薩英戦争** 一八六三年八月(文久三年七月)、鹿児島で薩摩藩とイギリス東洋艦隊との間で行われた戦争。前年九月の生麦事件はイギリスを激怒させ、幕府、薩摩藩、イギリスとの間で交渉が行われたが解決に至らず、イギリス艦隊七隻が鹿児島を砲撃、双方ともに多数の死傷者、損害をもたらし、同年十一月横浜で和議が成立。薩摩藩は賠償金の支払い、犯人捜査を約す一方、軍備の近代化の必要性を痛感し、以後イギリスと提携することになる。

（31）**四国連合艦隊の下関攻撃**　駐日公使オールコックは、下関海峡の封鎖による長崎の貿易の麻痺、幕府の開国政策の後退に危機感をもち、フランス、オランダ、アメリカの同意を得て、長州藩への懲罰攻撃を決意。本国外務省の認可が得られないまま、四国連合艦隊による武力行使を決行した。一八六四年七月、キューパー提督を総司令官とした連合艦隊は下関の各砲台を粉砕、占拠した。八月にイギリス旗艦ユーリアラス号上で交渉が行われ、外国船通行の自由、石炭・食料などの売り渡し、下関砲台の撤去、賠償金三百万ドルなどを受け入れ、講和が成立した。長州藩は敗戦を受けて、攘夷が不可能であることを知り、以後イギリスに接近して軍備増強に向かい、倒幕運動を推し進めることになる。

（32）**鎌倉英国士官殺害事件**　一八六四年十一月二一日（元治元年十月二二日）、相模国鎌倉郡大町村でイギリス人士官、ボールドウィン少佐とバード中尉が斬殺された事件。外国人殺傷事件のなかで犯人が逮捕、処罰された初めての事例。ワーグマンはベアト、フランス士官ルサンらとのスケッチ旅行中に、江の島で鎌倉大仏見学に向かう二人と出会い、二人は別れた後のその日に鎌倉で殺害された。その後相模国羽鳥村で起きた強盗事件の犯人として、蒲池源八と稲葉紐次郎が逮捕され、横浜戸部の牢屋敷で処刑された。かれらの供述により、犯行の首領として常陸矢田部藩士のち浪人、清水清次が逮捕された。十二月二八日横浜で市中引き回しの上、斬首され、吉田橋に晒された。ワーグマンはそれぞれの処刑現場に立ち会い、その衝撃的な挿絵を提供している。

（33）リンダウ（Rudolph Lindau. 1830-1910）プロシア生まれの外交官、初代駐日スイス領事。一八五九年スイス通商調査派遣隊の隊長として初来日。一八六三年のアンベール使節団による通商条約が締結され、六四年スイス領事として三度目の来日により横浜に居住した。この間、日本各地を訪問し、その見聞をもとに Un voyage autour du Japon. Hachette 1864（「スイス領事の見た幕末日本」新人物往来社）を出版し、六九年に帰欧後も多くの文筆活動をした。鎌倉事件の際は、プロシア領事フォン・ブラント（次項）とともに殺害現場に急行し、遺体検分、検屍審判の陳述を行っている。ワーグマンは来日した年（一八六一年）の十一月に箱館でリンダウと知り合い、リンダウから借金して翌年横浜で The Japan Punch を創刊している。

（34）ブラント（Max von Brandt. 1835-1920）ドイツの外交官。プロイセンの将軍ハインリヒ・フォン・ブラントの子として生まれ、陸軍中尉で退官した後、一八五九年オイレンブルク使節団に随行して来日。条約締結後一八六二年プロイセン初代駐日領事として横浜に赴任、六八年には北ドイツ連邦総領事、七二年には駐日ドイツ全権公使に就任した。日普条約改訂、日本北ドイツ連邦条約締結、ドイツ東アジア協会の設立など、対日外交、文化交流に大きな役割を果たした。著書に Dreiunddreißig Jahre in Ost-Asien – Erinnerungen eines deutschen Diplomaten. Leipzig, 1901-02.（「ドイツ公使の見た明治維新」新人物往来社）

（35）**大君との謁見**　一八六七年三月二五日から二九日にかけて、将軍徳川慶喜は英・仏・米・蘭公使らを大坂城に引見。兵庫開港問題に関して、将軍の責任において開港を断行すると宣言。薩摩藩など幕府権威の低下を図る勢力を牽制し、幕府が日本を代表する政府であること、外交の主導権が厳然として幕府にあることを明示した。ワーグマンはパークス公使、ミトフォード、サトウらとともに謁見に随行した。

幕末日本の情景

（36）**日本の使節団**　一八六三（文久三）年、外国奉行池田長発を正使として派遣した第二回遣欧使節。同年横浜近郊でフランス軍士官が殺害される事件（井土ヶ谷事件）が発生し、幕府は事件に対するフランス側の非難と国内の攘夷派の圧力を受け、事件の解決、謝罪および横浜鎖港の交渉にあたるために談判使節団を派遣。使節団は皇帝ナポレオン三世に謁見し、フランス政府に対して事件を謝罪し、扶助金を遺族に支払った。

（37）**ジョン・マクドナルド氏**（John McDonald. 1831?-1866）一八五九年、イギリス公使館の通訳生として来日。総領事オールコックらとともに品川東禅寺に駐在。一八六二年、勘定奉行竹内保徳を正使とする遣欧使節団に品川出航時から随行、二か月を超える船旅、一か月半におよぶイギリス滞在の全期間にわたって案内役を務めた。ロンドン万国博覧会の開会式には日本代表団とともに出席した。帰任後、公使館の一等補佐官に昇格した。一八八六年横浜で死去、外人墓地に埋葬。

（38）**京都で開催された美術工芸博覧会**　京都博覧会社（明治四年設立）が京都府の保護を受け開催した第一回京都博覧会。本願寺（対面所・白書院・黒書院）、建仁寺（方丈）、知恩院（大方丈・小方丈）の三寺院が会場となった。明治五年三月十日（旧暦）開会、会期五十日間（三〇日間延長）同五月晦日閉会。ワーグマンは江戸から東海道を旅した後、六月十六日（旧暦の五月十一日）博覧会を訪れた。会期中の入場者総数（日本人三万一一〇三人、学校生徒・女紅場生徒七五三一人、外国人七七〇人）。京都府は外国人に対し入京許可を与え、産業の発展、京都の紹介に努めた。また附博覧会（余興）として売茶（知恩院山門楼上）、都踊（祇園）、東山名所踊、鴨川煙火（花火）、能楽（安井神社舞台）が開催された。

（39）**守衛**　京都府は外国人の入京規則を定め、ポリスの一部を外人警備用として「Guard」の文字を抜いた袖章をつけさせた。一方、各国公使・領事に対しては領事による入京外国人のチェック、外国からの出品も要請した。イギリス領事は別に一規則を設け、入京免状の申請の時は、あらかじめ洋銀二百元の供託金を預かることとした。

（40）**熊谷**　京都博覧会社の市民側の会主（三名）の一人、熊谷久右衛門（直孝）。熊谷は、遷都後の京都の衰運を挽回するために、学校制度の整備や、有力商人三井八郎右衛門、小野善助らとともに博覧会の開催を発起。槇村正直、山本覚馬、明石博高ら府の開明派の協力を得て、一八七一年に博覧会を開催、翌年から継続的に京都博覧会が開催されることになった。ワーグマンの絵には、まだ新しい流行の服装になりきれていない、髭をたくわえた大年寄りの風格の人物として描かれている。

(41) **よい着こなしの人物**（西尾） 京都博覧会御用掛に命じられた府吏側の代表委員、西尾為忠。この時三一歳の青年官吏で、新時代の洋服に順応した姿で描かれている。ワーグマンが描いた知恩院の会場では呉服類、武具衣冠（甲冑、刀剣）、雑物（紙類、皮革類、化粧道具など）が展示された。

(42) **女子生徒**（女紅場） ワーグマンの絵には、女教師に引率された女子生徒たちの姿が描かれているが、一八七二（明治五）年四月に開校した女学校「新英学校及女紅場」からの見学者と思われる。前年に兄山本覚馬の下に京都に居住した山本八重は女紅場に通学し、後に権舎長・教導試補として務めた。また覚馬が外国人向けに作った英文の京都案内書 Guide to Celebrated Places in Kiyoto（1973）「京都名所案内」の発行にあたっては、その印刷のために植字の仕事に携わったという。

(43) **バレー**（都踊り） 一八七二年の第一回京都博覧会の余興「附博覧会」として、祇園新地新橋の松の屋の席で、祇園芸妓の踊りを公演させた。「都踊り」の最初。歌は十二調と称し、振り付けは井上八千代、伊勢音頭の総踊りをとりいれた歌舞。このほか八坂下河原でも東山名所踊と称して安井門前平野屋の席の興行、宮川町・巽新地などでの舞踊の公演もあった。

画家・美食家の東海道の旅　江戸から京都へ

（44）**フェリンギー**　訳者は、ワーグマンがこのあだ名で呼んだ The Ferringhee という人物が誰か、様々な調査を行ったが、判明させることはできなかった。しかし、ワーグマンの経歴や、二人の間柄の親密さ、旅の宿で女主人に対する挨拶にペルシア語を使ったこと、などから横浜で長年仕事をともにしたフェリックス・ベアトと思われる。ベアトは中国、日本に来る以前に中東で写真撮影の取材活動をしていた。ワーグマンの手稿とともに残された素描（十六点）のなかには、人力車に一人ずつ乗った姿、藤沢の宿での浴衣姿、舞阪の宿場を歩く姿、荷車に乗る二人の姿などが描かれているが、「ジャパン・パンチ」に描かれた二人の風貌の特徴からもベアトであると推定される。

（45）**友人「サトウ」**（Ernest Mason Satow. 1843-1929）　駐日イギリス公使館書記官。ロンドン生まれ、一八六一年外交官試験に合格し、翌六二年横浜に来日。東禅寺のイギリス公使館に勤務、一時横浜領事館通訳官を経て公使館書記官に昇進。幕末・維新期に日本各地で多くの人士と交際、明治新政府の樹立に貢献した。ワーグマンとは親密な交友関係にあり、度々国内旅行をともにした。掛川の事件は、一八六七年四月、サトウとともに大坂から江戸へ下る途中、帰京途上の日光例幣使、武者小路公香の一行と掛川宿で遭遇し、例幣使従士数名によって旅宿を襲撃された。アーネスト・サトウ「一外交官の見た明治維新」にも詳しく叙述されている。一八九五年から一九〇〇年まで駐日公使。

（46）**中村屋ホテル**　京都で外国人専門の最初の宿泊施設。祇園八坂神社の大鳥居の前、参道を挟んだ二軒茶屋の東にあった「中村屋」で、兵庫開港後いち早く外国人向けの宿泊に取り組み、明治元年には二階建ての新館を建て、洋間八室を設けた。今日の日本料亭「中村楼」。

著者略歴　チャールズ・ワーグマン

一八三二年　ロンドンでスウェーデン系の家に生まれる。
一八五二年　パリに行き、絵を学ぶ。
一八五七年　イラストレイテッド・ロンドン・ニュースの特派記者兼画家として広東に取材行。
一八五八年　香港に滞在、イギリス軍に随行して広東を中心に各地で取材活動。
一八六〇年　英仏連合軍の北京占領に同行。この年、写真家Ｆ・ベアトと知り合う。
一八六一年　四月二五日、Ｐ＆オリエンタル商会の蒸気船チュサン号で長崎に到着。五月一日神奈川に向けて出発し、横浜に滞在した後、長崎に戻る。六月一日、イギリス公使オールコックの長崎から江戸への陸上旅行に参加し、出島を出発。江戸に帰着した七月五日英国公使館東禅寺にて水戸藩浪士の襲撃を受ける。
一八六二年　五月、居留外国人向けの雑誌「ザ・ジャパン・パンチ」を横浜で創刊。一時上海に赴く。マルセイユ経由でロンドンに帰国するが、再び日本に戻る。
一八六三年　六月香港、上海の旅行から横浜に戻る。ベアトと共に横浜居留地二四番に住み、協同して仕事を始める。八月薩英戦争の取材にベアトと共にイギリス艦隊に同行。この年、日本人女性小澤カネと結婚。

一八六四年　馬関〔下関〕戦争を取材。ベアトと共に鎌倉に遊び、英人士官殺害事件の被害者（二名）と出会う。この年、長男一郎誕生。
一八六五年　ワーグマン・ベアト商会を設立。「ザ・ジャパン・パンチ」を復刊。五姓田義松が弟子入り。
一八六六年　八月、高橋由一が入門。十一月横浜の大火で家が消失するが作品は奇跡的に無事。
一八六七年　五月二日、大坂城での将軍慶喜の引見にパークス公使、アーネスト・サトウらに随行。
六月サトウと共に江戸への帰路、掛川宿で日光例幣使の家来に襲撃される。
一八六八年　横浜居留地の取締役に立候補する。
一八七〇年　六月イギリス公使館書記官アダムスらの上越方面の蚕糸業視察に随行。
一八七二年　五月末より、京都博覧会取材のため東海道を京都に旅行。
一八七六年　エミール・ギメ、フェリックス・レガメらと鎌倉旅行。
一八八四年　素描集 **A Sketch Book of Japan** を横浜メイクル・ジョン社から出版。
一八八七年　「ザ・ジャパン・パンチ」の最終号を発行。
一八八八年　イギリスに一時帰国、弟ブレイク・ワーグマンとロンドンで展覧会を開く。
一八九一年　二月八日、横浜で死去。横浜外人墓地に葬られる。

参考文献

【欧文文献】

- The Illustrated London News. Various Issues from 1861-1891.
- Charles Wirgman. Artistic & Gastronomic Travels in Japan. From Yedo to Kiyoto by the Tokaido.(manuscript) The Wests Encounter with Japanese Civilization 1800-1940. Vol. 10. Introduction by Catharina Blomberg. Japan Library (Curzon Press) 2000.
- Rutherford Alcock. The Capital of the Tycoon. A Narrative of a Three Years Residence in Japan. London, Longman, Green. 2 vols. 1863.
- Rutherford Alcock. Narrative of a Journey through the Interior of Japan, from Nagasaki to Yeddo. 1861. Journal of the Royal Geographical Society. Vol. 32. 1862.
- Japan and The Illustrated London News. Complete Record of Reported Events 1853-1899. Compiled by Terry Bennett. Global Oriental. 2006.
- Japanese-British Exchange in Art 1850s-1930s. Papers and Research Materials. By John Clark.1989.
- Britain and Japan 1859-1991. Themes and Personalities. Edited by Sir Hugh Cortazzi and Gordon Daniels. Routledge, 1991.

【日本語文献】

- 「描かれた幕末明治　イラストレイテッド・ロンドン・ニュース　日本通信」　金井圓編訳　雄松堂書店　一九七三年
- 「ワーグマン素描コレクション」（上下）　芳賀徹他編　岩波書店　二〇〇二年
- 「ワーグマン日本素描集」　清水勲編　岩波書店　一九八七年
- The Genius of Mr. Punch. Life in Yokohamas Foreign Settlement Charles Wirgman and the Japan Punch 1862-1887. 〈Mr. パンチの天才的偉業 - チャールズ・ワーグマンとジャパン・パンチが語る横浜外国人居留地の生活 1862-1887〉　山下仁美解説翻訳　有隣堂　二〇〇四年
- オールコック「大君の都」全三巻　山口光朔訳　岩波書店　一九六二年
- オールコック著・ワーグマン画「長崎から江戸へ」　山本秀峰編訳　露蘭堂　二〇一一年
- アーネスト・サトウ「一外交官の見た明治維新」　坂田精一訳　岩波書店　一九六〇年
- B・M・アレン「アーネスト・サトウ伝」　庄田元男訳　平凡社　一九九九年
- ケンペル「江戸参府旅行日記」　斉藤信訳　東洋文庫　平凡社　一九七七年
- ツュンベリー「江戸参府随行記」　高橋文訳　東洋文庫　平凡社　一九九四年
- ジーボルト「江戸参府紀行」　斉藤信訳　東洋文庫　平凡社　一九六七年
- ロバート・フォーチュン「江戸と北京」　三宅馨訳　廣川書店　一九六九年

・ルドルフ・リンダウ「スイス領事の見た幕末日本」　森本英夫訳　新人物往来社　一九八六年
・L・オリファント「英国公使館員の維新戦争見聞記」　中須賀哲朗訳　校倉書房　一九七四年
・J・R・ブラック「ヤング・ジャパン・横浜と江戸」　平凡社　一九七〇年
・横田洋一「チャールズ・ワーグマン考」「チャールズ・ワーグマン没後一〇〇年記念 ロンドン発・横浜行き あるイギリス人画家の幕末・明治」　神奈川県文化財協会　一九九〇年
・「チャールズ・ワーグマン作品目録」　神奈川県立博物館　一九九三年
・「ワーグマンが見た海 ― 理想郷を求めて ― ワーグマンが見た海 ― 洋の東西を結んだ画家 チャールズ・ワーグマン来日一五〇周年記念」　神奈川県立歴史博物館　二〇一一年
・角田拓朗「チャールズ・ワーグマンという画家の位相」（神奈川県立博物館研究報告 ― 人文科学）第三八号 二〇一二年
・「幕末日本の風景と人々 F・ベアト写真集」　横浜開港資料館編　明石書店　一九八七年
・「英国と日本 ― 架橋の人々」　コータツィ他編　思文閣出版　一九九八年
・酒井忠康「海の鎖 描かれた維新」　小沢書店　一九七七年
・洞富雄「幕末維新期の外圧と抵抗」　校倉書房　一九七七年
・岡田章雄「鎌倉英人殺傷事件」　筑摩書房　一九六四年
・サー・ヒュー・コータッツィ「維新の港の英人たち」　中須賀哲朗訳　中央公論社　一九八八年

・川崎晴朗「幕末の駐日外交官・領事官」雄松堂出版　一九八八年
・佐野真由子「オールコックの江戸」中央公論新社　二〇〇三年
・「京都博覧協会五十年紀要」京都博覧協会　一九二〇年
・「京都の歴史」第八巻 京都市編　京都市史編さん所　一九七九－八〇年
・「明治維新と京都」臨川書店　一九九八年
・「英学史研究」第一七号　一九八四年　西岡淑雄「奈良・京都におけるワーグマン」
・「外国新聞に見る日本」内川芳美 宮地正人監修　毎日コミュニケーションズ　一九八九年
・「東海道名所記」浅井了意　朝倉治彦校注　平凡社　一九七九年
・「街道の日本史」長野暹編「佐賀・島原と長崎街道」吉川弘文館　二〇〇三年
・「長崎街道・大村路」長崎街道シンポジウム等実行委員会編　一九九八年
・「長崎県東彼杵郡誌」東彼杵郡教育会編　名著出版　一九七四年
・「島ヶ原村史」島ヶ原村史編纂委員会編　一九八三年刊
・「島ヶ原村本陣 御茶屋文書」島ヶ原村郷土史研究会　一九八七年刊

訳者あとがき

最終章の「画家・美食家の東海道の旅」は、ワーグマンが来日して十二年目の、そして東海道を歩き通す三度目の旅であった。徳川政権の崩壊により、街道の様相が急速に変わりつつある姿を目の当たりにしている。小田原や亀山では城郭が引き倒され、町では鎧甲冑が安物としてたたき売られる。荒居の関所では関門や柵が取り外され、大名行列がなくなった宿場は、荒廃して寂しいかぎりの姿になっている。乗物は駕籠から人力車、荷車に移りかわり、電信柱が街道の随所に立てられ、西洋風な建物も出現しつつある。ワーグマンは、こうした変化を楽しみながらも、急速に失われつつある封建時代の風物に対して、深いノスタルジアと憂い、悲しみを感じている。画家にとっては、数年前までの異国文化は豊富な画材に溢れていた。それまでの十年余の日々に描いた日本の風景や日本人の姿は、写実的な描写により、今日においてもこの時代の姿を鮮明に写し出してくれている。

ワーグマンは、この時期に日本国内を最も多く旅した外国人である、と言って過言ではないだろう。外国人殺傷事件が相次ぐなかで、何度も攘夷派の襲撃の危険に遭遇し、時には自分自身が刺客の標的にされることさえあった。そうした危険な日々でありながらも、ワーグマンが綴った記事からは、楽天的で自由な振舞いが感じられる。イギリス人らしい軽妙なウィットにも富み、読者を楽しませてくれる。旅路の街道では、多くの日本人が群がり、扇子や紙に絵を描いてくれるよう頼まれ、気軽に応じていたようだ。ワーグマンは、外交官や商人など他の外国人より、はるかに庶民的な交際を楽しみ、日本人に対して好意的な気持ちで接していたといえよう。また、「青色の幅広い木綿のズボンをはき、だぶだぶの黄色の繭紬ジャケツを着て、鼠色のフェルト帽をかぶり、……」といった、およそ紳士然としない、気取りのない姿は、日本人からも親しまれたことだろう。アトリエからではなく、庶民の生活のなかから、そして戦場や事件の現場から、彼がイギリスに送った絵は、当時三十万部の発売部数を誇った人気新聞の紙上を、大判の挿絵となって賑わし、大衆にリアル・ジャパンを紹介した。この大普及した新聞の情報は、当時のイギリス社会にも明確な日本のイメージを与えただろうし、後の明治期に日本に次々に訪れた旅行家たちにも大きな刺激となったにちがいない。

ワーグマンの素描や絵画は、これまでに様々な文献で紹介され、また幾度か企画された美術展覧会により、その多くはすでにご存知の読者も多いだろう。本書の訳者も、歴史文献などでたびたびこれらに接してきていたが、先ごろ最終章の旅行記のマニュスクリプトの存在とその復刻版を知り、本書の翻訳を発起した。これまでワーグマンが自らの心情を表明する、まとまった形での著述に接することがなかったため、この旅行記を加えることにより、その人物像や性格にさらに接近することができるだろう。また、幕末から明治維新へ、劇的に変化をとげようとする日本を目撃した、画家・ジャーナリストとして最も活発に活動したその半生を、時代の流れのなかで振り返ることができるのではないかと思う。

このマニュスクリプトの翻訳にあたり、ロンドン在住のご家系の子孫 Mrs. Emma Wippell から許諾を与えていただいたこと、そしてそのためにご助力をいただいた神奈川県立歴史博物館の角田拓朗氏に心から感謝申し上げる。また、ワーグマンの京都博覧会の訪問記に関して、京都市歴史資料館の学芸員の皆様にご教示いただいたことに深謝する。なお、東海道の旅の連れにつけたあだ名「フェリンギー」(The Ferringhee)とは、インドのヒンディー語圏で「西洋人の旦那」といった呼称のようであるが、それが誰か、訳者は長年横浜で仕事を共にしたフェリックス・ベアトと推定したが、断定することはできなかった。読者諸氏からご指摘いただければ幸いである。

訳者

編訳者紹介

山本秀峰（やまもと　しゅうほう）

1948年栃木県生まれ。1971年早稲田大学政治経済学部卒業。外国図書関係の仕事に従事。現在翻訳及び出版に携わる。

翻訳にオールコック著「富士登山と熱海の硫黄温泉訪問－1860年日本内地の旅行記録」（2010年刊）、オールコック著・ワーグマン画「長崎から江戸へ－1861年日本内地の旅行記録」（2011年刊）、「富士山に登った外国人」（村野克明共訳2012年刊）、「宣教師ウェストンの観た日本」（2014年刊）、「ラザフォード・オールコック　日本および日本人」（2015年刊）、ゲオルク・ハインリヒ・ラングスドルフ著「ラングスドルフ日本紀行―クルーゼンシュテルン世界周航・レザーノフ遣日使節随行記」（2016年刊）

チャールズ・ワーグマン

幕末維新素描紀行

2017年10月5日　初版第1刷発行

編訳者　山本秀峰
発行者　羽石康夫
発行所　露蘭堂
〒171-0021 東京都豊島区西池袋2-25-10-807
Tel. & Fax : 03-6915-2057
http://www.ne.jp.asahi/books/rolando

発売元　（株）ナウカ出版営業部
〒354-0024 埼玉県富士見市鶴瀬東2-18-32, 2-18
Tel. & Fax : 049-293-5565
http://www.naukapub.jp

印刷所　七月堂

ISBN 978-4-904059-57-9